정브르

134만 구독자를 보유한 생물 크리에이터. 곤충과 파충류부터 바다생물까지 다양한 생물을 소개하는 참신한 콘텐츠를 선보이며 생물 전문 크리에이터로 큰 사랑을 받고 있답니다. 유튜브 채널에서 동물 사육, 채집, 과학 실험 등의 재미있고 유익한 영상을 소개하고 있으며, 도서와 영화를 통해 고유의 콘텐츠와 더불어 동물을 사랑하는 마음까지 대중에게 알리고 있어요.

정브르의
반려동물일기

1판 1쇄 발행 2023년 12월 29일
1판 3쇄 발행 2024년 4월 19일

발행인 | 심정섭
편집인 | 안예남
편집장 | 최영미
편집자 | 김은솔
브랜드마케팅 담당 | 김지선
출판마케팅 담당 | 홍성현, 김호현
제작 | 정수호

발행처 | (주)서울문화사
등록일 | 1988년 2월 16일
등록번호 | 제 2-484
주소 | 서울특별시 용산구 새창로 221-19
전화 편집 | 02-799-9375 **출판마케팅** | 02-791-0708
본문 구성 | 덕윤웨이브 **디자인** | 권규빈

ISBN 979-11-6923-860-1
979-11-6438-488-4 (세트)

생생체험
자연관찰
정브르의
반려동물일기
브르와 함께 떠나는
별별 반려동물 탐험!

차례

할짝
할짝

브르의 반려동물 탐구 노트-①

소중한 가족, 반려동물

SERVICE DOG

반려동물은 인간과 함께 살아가는 동물이에요. 과거에는 애완동물이라고 표현했지만, 오늘날에는 동물이 소유물이 아닌 또 하나의 가족이자 반려자라는 의미에서 반려동물이라고 표현하고 있어요.

지금도 많은 사람이 반려동물과 함께 살아가며 행복을 나누고, 위로를 받고 있어요. 또, 반려동물의 종류는 더 다양해지고 있지요. 하지만 늑대거북, 수달, 토종 하늘다람쥐 등 가정에서 키울 수 없거나 따로 허가가 필요한 경우도 있어요.

반려동물 등록제

반려동물 등록제란 반려동물과 소유자에 대한 정보를 행정기관에 등록하는 제도예요. 반려동물의 정보를 등록해 두면 소중한 반려동물을 잃어버렸을 때 빠르게 찾을 수 있고, 반려동물을 쉽게 유기하는 일을 막을 수 있지요.

몸속에 칩을 삽입하거나 외출할 때마다 목줄에 칩을 달고 다니는 방식으로 정보를 등록할 수 있어요.

할짝
할짝

*자료제공: 비마이펫

반려동물 예절, 펫티켓!

펫티켓이란, 반려동물을 뜻하는 '펫(pet)'과 예절을 뜻하는 '에티켓(etiquette)'이 합쳐진 단어로, 반려동물과 외출할 때 공공장소에서 지켜야 하는 반려동물 예절을 의미해요.

펫티켓으로는 외출할 때 목줄 사용하기, 배변 봉투 챙기기, 반려동물 등록하기, 맹견의 경우 입마개 착용하기 등이 있어요.

세계의 반려동물 보호법

다양한 나라에서 동물 보호법을 지정하여 반려동물을 보호하고 있어요. 대표적으로 독일은 개·고양이를 펫샵에서 판매하는 걸 금지하고 있어서 유기동물의 입양이 활발해요.

또 호주는 4마리 이상의 반려동물을 키울 때 따로 허가를 받아야 해요. 이런 법은 모두 반려동물을 키울 때 책임을 다하게 하고 동물을 보호하기 위해 제정되었어요.

1화

천재 까치 까봉이를 만나다!

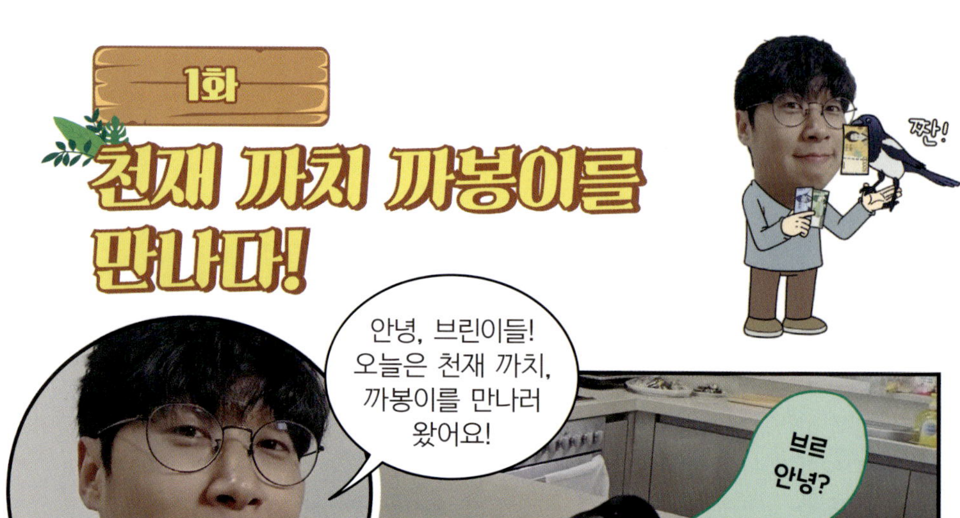
짠!
안녕, 브린이들! 오늘은 천재 까치, 까봉이를 만나러 왔어요!
브르 안녕?
까봉이

브린이를 위한 상식

유튜브 채널 '미루지마'에 나오는 까치예요. '미루지마' 채널과 천재 까치 까봉이가 만나 일상과 성장 과정을 보여 줘요. SBS 〈TV 동물농장〉에도 소개되어 큰 감동을 주었어요. 까치는 아시아, 북아프리카 등 다양한 지역에서 서식하고 있으며, 우리나라에서도 흔히 볼 수 있어요. 우리나라에서 까치는 예로부터 행운과 좋은 소식을 전해 주는 새로 여겨져 왔지요.

늦은 밤 분리수거장 근처에서 다리가 다친 채 웅크려 있던 걸 발견했어요.
너무 아팠어!
심각해 보였던 까봉이의 부상

이쪽은 발가락이 안으로 굽었어요.
이쪽은 가운데 발가락뼈가 안 움직여요.
지금은 괜찮아!

병원도 여러 군데 다니면서 살리려고 애를 많이 썼답니다.

지극정성으로 까봉이를 돌봐준 가족들

아빠, 고마워!

뿌듯

쪽

쪽

까봉이의 장기 자랑 시간!

아~ 너무 긴장되네!

뿌직

ㅋㅋ

시원하게 똥 한번 싸 주고 보여 주려나 봐요.

배설물

첫 번째 개인기!
까봉아,
라벨 좀
뜯어 줄래?
덥석
응!
브린이를 위한 상식
까치는 똑똑하다고 알려진 까마귀와 같은 까마귓과에 속해요. 사람의 얼굴을 구별할 수 있으며, 거울에 비친 자신 역시 알아볼 수 있을 만큼 높은 지능을 가지고 있어요.
찌익
이 정도야
껌이지!
우아!
분리수거는
나한테 맡겨!
참
잘했어요~.
간식
너무
맛있다~.
냠냠
까봉이
몸 색깔이 너무
예쁘네요.
내가 좀
예뻐!

두 번째 개인기!

까봉아,
텔레비전 좀 켜 줄래?
삼촌 심심해~.

톡톡

띠링

훗!
이 정도
쯤이야!

우아!

까봉아,
이제 텔레비전
꺼 줄래?

톡톡
재밌게
보고 있는데!

파앗
정말 텔레비전이 꺼졌어요!

까봉이 진짜
대단하다!
별말씀을~.

좌아아악
너무
시원하다~.
파바밧

아,
개운해~.

기분 좋은
하루야.

행
복

햇볕에서
몸을 말리는 까봉이.

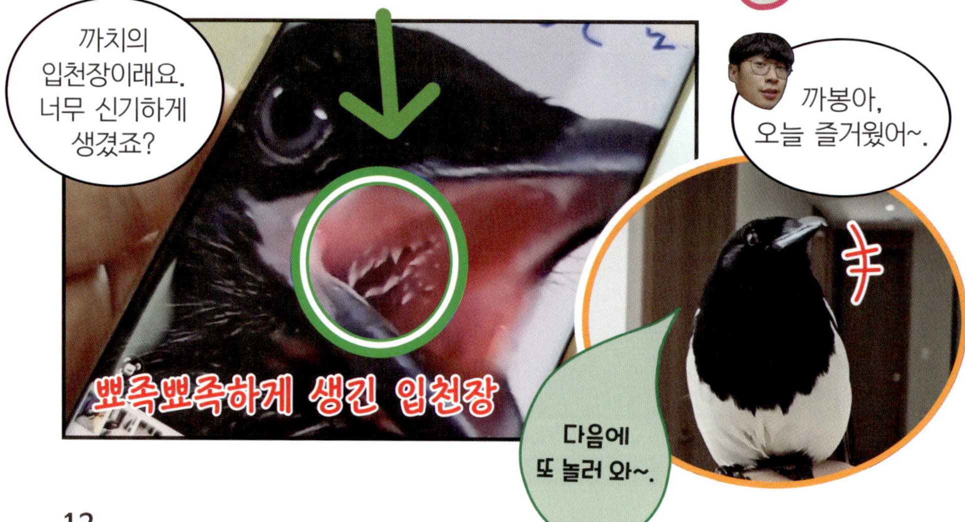
까치의
입천장이래요.
너무 신기하게
생겼죠?
뾰족뾰족하게 생긴 입천장
까봉아,
오늘 즐거웠어~.
다음에
또 놀러 와~.

갓 태어난
원앙을 데려온
브르

천연기념물인
원앙을 합법적으로
입양하려고
원앙 농장에
왔어요!

귀여운
새끼 원앙을
데려갈 거예요.
잘 부탁해요!
*성체 원앙이에요.
오리를 닮았죠?
암컷에 비해
수컷의 색깔이
더 화려해요.
암컷
수컷

유정란과 무정란을
구분해 볼까?
휴대 전화의
밝은 빛으로
비춰 봤을 때,
아무것도
안 비치면 부화가
되지 않는
무정란이에요.

*성체: 다 자라 생식 능력이 있는 동물.

유정란은
핏줄이 보여요.
이렇게
휴대 전화의 빛으로
확인할 수 있다는 게
신기하죠?
새끼 원앙이
지낼 집을
만들어 줄게요.
먼저
준비해 둔
열전구 *소켓을
달아 줍니다.
열전구 소켓
편한 매트도
바닥에 깔아 주고
사료통을
놓아 줄게요.
열전구를
설치해 둔 소켓에
조립해 줍니다.
열전구

*소켓: 전구 따위를 끼워 넣어 전선과 연결하게 하는 기구.

짜잔

임시 사육장 완성~.

와!
여기가
내 집이야?

이름은
앙이로
지어 줬어요.

브린이를 위한 상식

번식기의 수컷 원앙은 녹색, 적갈색 등 화려한 깃털을 가지고 있지만, 암컷 원앙은 전체적으로 어두운 회색 깃털을 가지고 있어요. 번식기가 지나면 수컷의 화려한 깃털은 전부 빠져서, 암수가 비슷한 모습이 돼요.

아늑하다~.

앙이 코는
불그스름한 색에
분홍빛이
도네요.

다음 날
여긴
어디지?
앙이가 밖에
나와 있어요.

집을 조금
작게 만들었더니
점프해서
탈출한 것 같아요.

긴장이 풀렸는지 여기저기 똥을 싸네요.
뿌직

이리 와, 밥 먹자~.
사료

우리 아직 안 친하잖아.
도망

브린이를 위한 상식

원앙의 몸길이는 약 45cm이고 한국, 일본 등에 서식하는 겨울 철새예요. 대한민국 천연기념물 제327호로 지정되어 있어서 원앙을 키우려면 허가를 받아야 하지요.

이제 좀 익숙해진 것 같아.

새끼 때는 날개가 아주 작아요.

발에는 물갈퀴가 있어요. 수영을 굉장히 잘하겠죠?

발톱도 생각보다 날카로워요.

뾰

족

브린이를 위한 상식

오리의 발에는 발가락 사이를 이어 주는 물갈퀴가 있어서, 수영할 때 더 유리해요. 수영할 때 착용하는 신발도 이 물갈퀴를 닮았다고 하여 오리발이라고 부르기도 해요.

너무 귀엽게 생겼죠?
///
내가 좀 귀여워~.
역시 수영이 최고야!
참방
참방
즐겁게 수영 중인 앙이.
간식이다!
간식 먹자~.
귀뚜라미
덥석
아빠, 고마워!
따끈
따끈
젖은 몸을 말리고 있는 앙이
///
오늘도 즐거웠어!

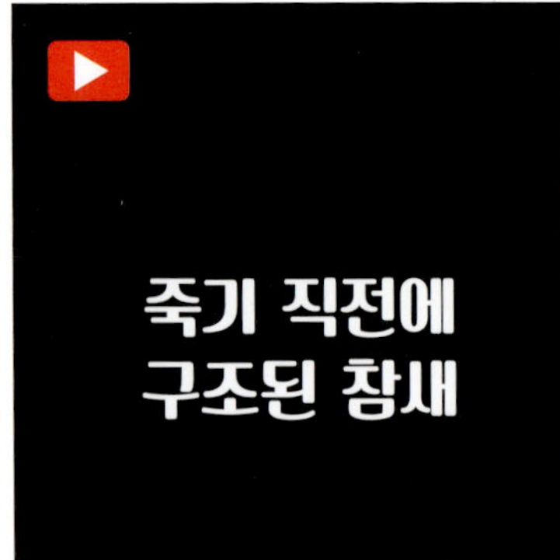
죽기 직전에
구조된 참새

오늘은 참새를 구조해서 키우고 계시는 분의 집을 방문했어요.

오늘의 주인공 참새 등장!

반가워~. 난 참찌야!

진짜 너무 귀엽다!

나도 알아~.

앙 증

넌 어떻게 구조되었니?

내 이야기가 궁금해?

까치한테 잡혀서 위험했는데, 엄마가 까치를 쫓아내 주셨어!

그런데
내가 파닥거리다가
좁은 틈새에
빠졌지 뭐야!
파닥
파닥
쏙
욱
휴대 전화
긴 막대
엄마가
휴대 전화 뒷면에
긴 막대를 붙이고
카메라를 켜서
내가
빠진 틈새에
넣고 나의 상태를
확인하셨어.
잠자리채
나를 발견한
엄마가 잠자리채로
구해 주셨지.
구조를 위해 길고 깊게
만든 잠자리채!
구조 성공!

그 후 엄마가 나를 지극정성으로 보살펴 주셨고, 우리는 가족이 되었어!
다리를 심하게 다쳤었지만 지금은 괜찮아!
참찌 밥그릇이에요.
브린이를 위한 상식
길거리에서 흔하게 볼 수 있는 참새는 잡식성으로 곤충, 벼 이삭, 씨앗 등 다양한 종류의 먹이를 먹어요. 해충을 잡아먹어 사람에게 도움을 줄 때도 있지만, 농작물도 먹기 때문에 피해를 주기도 해요
여러 곡식이 있네요.
제가 한번 줘 볼게요.
고마워~.
냠 냠
참새는 경계심이 심한 동물인데, 참찌는 경계심이 전혀 없네요.
사람을 따르다니 정말 신기해요.
사람이 좋아!

냠 냠
브르 손에도 잘 올라오는
순한 참찌

깃털에
윤기가 나고
색깔도 예쁘네요.

찰 칵
친해진 기념,
참찌와 브르,
셀카 한 장!

참찌
나는 것 좀
볼까요?

나 좀
잘 날아!
파닥
파닥
감탄
와, 호버링까지 하네.

착지까지
완벽히
해냈어요!

이 정도
쯤이야!

브린이를 위한 상식

호버링은 제자리에 정지해서 비행하는 행위를 의미해요. 참새, 잠자리 등 다양한 동물이 호버링을 할 수 있고, 헬리콥터, 드론과 같은 비행 물체도 호버링 기술을 가지고 있어요.

참찌야,
엄마 간다~.
엄마가 밖에 나가려 하자
깜짝 놀라는 참찌!

나도
같이 가!
파닥
파닥
참찌는 엄마 껌딱지!

참찌는 어떻게 잘까?

쿠울

참찌는
다리가 불편해서
한쪽으로
누워서 자요.

마치 사람처럼 자는 참찌

참찌의 애착
이불 등장!

자연 속에서 새가
덩굴이나 덤불 속에
들어가는 걸
좋아하듯

참찌도
이불 안에
들어가는 걸
좋아한대요.

쏘옥

참찌는 이렇게
휴지를 찢어서 주면
잘 가지고 논대요.
찌익
찌익
휴지 좋아!
어렸을 때
휴지를 찢어주면
폭 들어가 있었다고
해요.
아늑해!
둥지처럼 편하게 지내던 참찌
참새는 외형으로
암수 차이가
거의 없어서 구분이
어렵대요.
까치한테
물려갈 때 생긴
상처가 선명하게
남았네요.
아픈 기억은 잊고
가족들과
늘 행복하렴!
고마워~.
건강하게 잘 자라~.

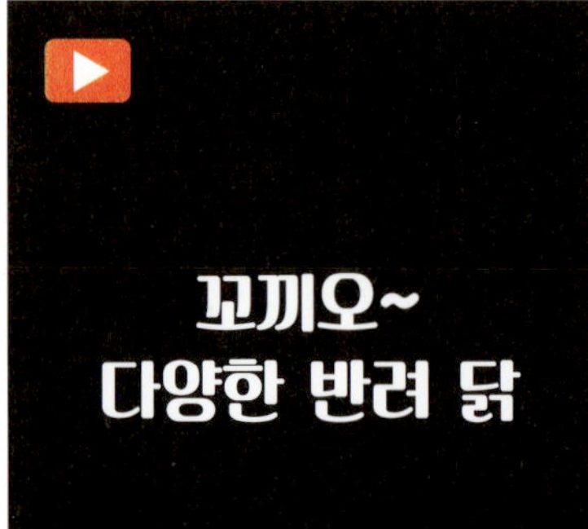
꼬끼오~
다양한 반려 닭

오늘은 충북에 있는 닭 농장에 왔습니다!
농장이 정말 크고 깔끔해요.

이곳은 관상 닭을 품종마다 잘 구별해 놓은 메인 사육장이에요.
어떤 친구들이 있을까요?

이 친구는 폴란드의 품종으로 폴리시라는 친구예요.
브르 안녕!
꼭 털모자를 쓴 것 같아요!
예쁘지?
정말 신기하게 생겼다!

브린이를 위한 상식

폴리시는 관상용으로 사육되는 품종의 닭으로 평균 수명은 약 8년이에요.
수컷이 암컷보다 큰 몸집을 가지고 있으며, 풍성하고 화려한 머리숱이 매력적이지요.

빨강, 검정, 하양
총 세 가지 색상을
가지고 있는 독특한
닭이네요!
라켄벨더라는
친구고, 네덜란드랑
독일에서 왔대요.
우리
예쁘지?

브라마 닭이에요.
성장하면서 엄청나게
커진대요!
묵직
와,
엄청 커요!
수컷

브린이를 위한 상식

브라마는 평균 20~46cm의 몸 크기를 가지고 있는 닭으로, 최대 75cm까지 자라기도 해요. 온순한 성격과 아름다운 몸 색깔 덕분에 관상용 닭으로 인기가 많아요.

거대
발이
어른 손만 하고,
발톱도
엄청 커요!

크기가 작고
또렷한 무늬에
은색 빛이 나는 게
은수남 닭이에요.

금색 빛이 나는
이 친구들은
금수남 닭이라고
해요.

손바닥보다
조금 더 커요.

이 닭은 와이언
도트로 아주 비싼
품종이래요.

우리가
좀 비싸!

성격이 순해서
인기가 많은
실버 브라켈이에요.
털색이랑
무늬가 진해서
정말 멋있네요.
우린
인기쟁이~.

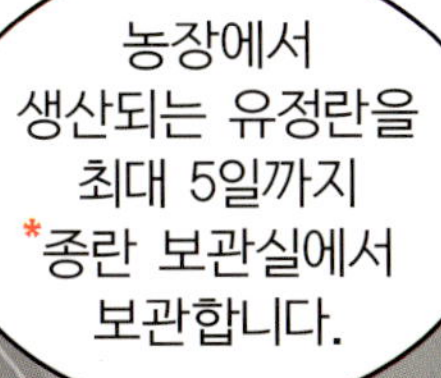
농장에서 생산되는 유정란을 최대 5일까지 *종란 보관실에서 보관합니다.

종란보관실

겨울에는 종란 생산이 많이 없어요.

보통 2월부터 종란이 꽉 차면서 분양이 시작돼요.

종란들은 부화실에서 부화를 시킵니다.

부 화 실

이곳에서 알을 건강하게 부화시켜요.

이곳은 *육추실이에요.

갓 태어난 병아리들을 이곳에서 사육하고 관리해요.

습도와 온도가 매우 중요한 육추실

*종란: 부화의 목적으로 사용되는 알.
*육추실: 병아리를 기르는 방.

예전에 학교 앞
문방구에서 팔던
병아리는 우리가
먹는 닭갈을 낳는
산란 닭의
병아리예요.
하이라인 브라운,
로만 브라운,
이사 브라운과 같은
여러 산란 닭 품종 중
하나일 거예요.
병아리
2000원

닭을 키우는
농장에 가기 전에
감별사 분들이
암컷과 수컷을
다 감별하고
수탉으로
분류가 된
병아리들을 주로
판매합니다.
하이라인 브라운
로만 브라운
이사 브라운

오늘 정말
다양한 관상 닭을
만났는데요,
반려 닭들이
널리 알려져서
많은 분들이 키우고
교감도 했으면
좋겠습니다.
우리를
예뻐해 줘!

정브르의 생물 탐구

주로 깃털이 나 있고, 날개를 가지고 있으며 알을 낳는 동물을 통틀어 새라고 불러요. 남극권에 많이 사는 펭귄처럼 날개가 있지만 날지 못하는 새도 있지요.

영상으로 확인해 봐요!

⋆정브르의 생물 탐구⋆

생물 이름: 거위

거위는 기러기와 같은 새예요. 다만, 거위는 기러기를 잡아다가 가축화했기 때문에 날 필요가 없어져서 기러기와 달리 잘 날지 못해요. 하지만 아예 날지 못하는 것은 아니에요.

⋆정브르의 생물 탐구⋆

생물 이름: 청둥오리

청둥오리는 잡식성으로 곤충, 새우, 게 등을 먹어요. 우리나라의 대표적인 겨울 철새로, 가을에서 겨울로 넘어가는 10월쯤부터 볼 수 있어요. 주로 하천, 강 주변의 습지에서 서식해요.

영상으로 확인해 봐요!

브르의 숨은 그림 찾기
꼭꼭 숨어 있는 그림 5개를 찾아보세요.

숨은 그림 5개
시계 머그컵 칫솔 만연필 오렌지

2화

엄청난 체력의 늑대개를 만나다!

할짝
할짝

오늘은 늑대개를 만나러 왔어요!
경기도 파주인데, 강아지들을 마음껏 풀어 놓을 수 있는 공간입니다.

엄청난 크기의 늑대개!
늠름
자연 다큐멘터리에서 보던 늑대랑 흡사해요.
이름은 이든이고, 수컷이라고 해요.
브르 삼촌, 안녕?

브린이를 위한 상식

늑대개는 늑대와 개 사이에서 태어난 종을 말해요. 생물학적으로 늑대와 개는 거의 같은 종이에요. 부모가 되는 개의 종류에 따라 개체별로 성격이 다르지요.

이 친구는
북미 늑대개라고
이탈리아에서 데리고 왔고,
우리나라에는
거의 없어요.
삼촌,
같이 놀자!
제가 와서 신났나 봐요.

이제 태어난 지
7개월 됐는데,
힘이 엄청 세요.
잘 안 끊긴다는 전문가용
소가죽 목줄을 썼었는데,
다 끊어졌어요.
그래서
산책할 때는
목줄을 두 개
매요.
삼촌,
빨리 와~.
힘이 넘치는 이든이.

난 아직
애기야!
아직도 한참
성장 중이네요.
꼬리가
늑대처럼 축
늘어져 있어요.

이든이는 순해서 체형만 늑대고 성격은 완전 강아지 같아요.
헤헤 너무 신나!
이든이가 *하울링을 해 본 적이 없대요.
한번 시도해 볼까요?
아우~!
멈칫
왜 저러지?
무시
이든아, 어디 가!
태어난 지 얼마 안 됐을 때
이든이 새끼 때 모습이에요.
새끼 때는 강아지와 더 닮았네요.

*하울링: 집단생활을 하는 늑대가 서로 의사소통을 하기 위해 내는 소리.

사회성을
길러야 해서
자주 놀러
다녔대요.
사랑 듬뿍 받고 자란 이든이
작은 강아지가
갑자기 반년 만에
늑대만큼
자랐네요.
나
멋지지?
듬
직
늑대개는
대형견들과
훈련 방식이
전혀 달라요.
늑대의 본능이
남아 있어서 지속적인
훈련이 필요하죠.
도시에서는 절대
못 키워요.
나는
늑대라고!

브린이를 위한 상식

늑대개는 야생 동물인 늑대의 피를 가지고 있기에 개보다 야생성이 강해요. 때문에 주기적인 훈련을 통해 사회화해야 하지요.

앉아!
처 억
우아!

이든이를 위한
생닭 한 마리!
덥 석
와!
한 번에 성공!
이든이는 장이
늑대랑 흡사해서
사료를 먹이면 설사를
하기 때문에 생고기를
줘야 해요.
아그작
아그작
와,
순식간에
다 먹었어요.
음,
맛있다~.

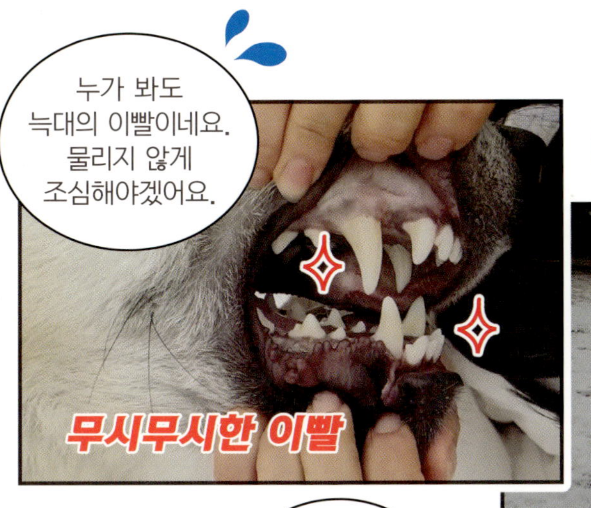
누가 봐도
늑대의 이빨이네요.
물리지 않게
조심해야겠어요.
무시무시한 이빨

이빨이
안 보이면 순한
강아지 같죠?
헤헤,
신난다~.
폴짝 폴짝

아까도
한참 뛰었는데,
지치지도
않나 봐요.

엄청난 체력

삼촌
최고!
사람을 좋아하는 이든이

오늘 늑대개를
만나 봤는데
너무 순하고
매력적이었어요.

늑대개는
넓은 공간이 필요하고
많은 훈련을
받아야 해요.

단순히
키우고 싶다는
마음만으로 키우시면
안 됩니다!

다음에
또 놀러 와~.

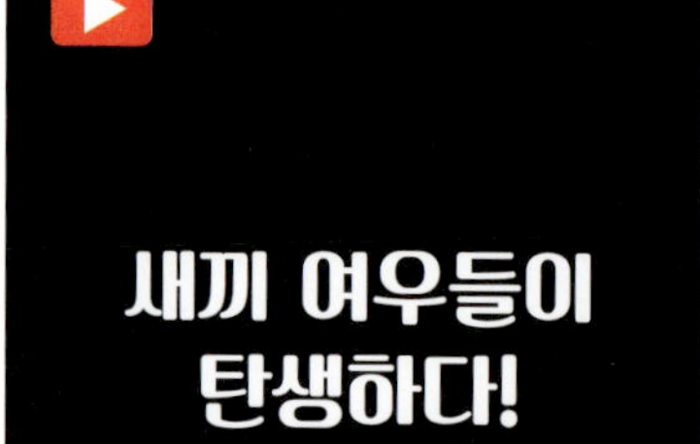
새끼 여우들이
탄생하다!

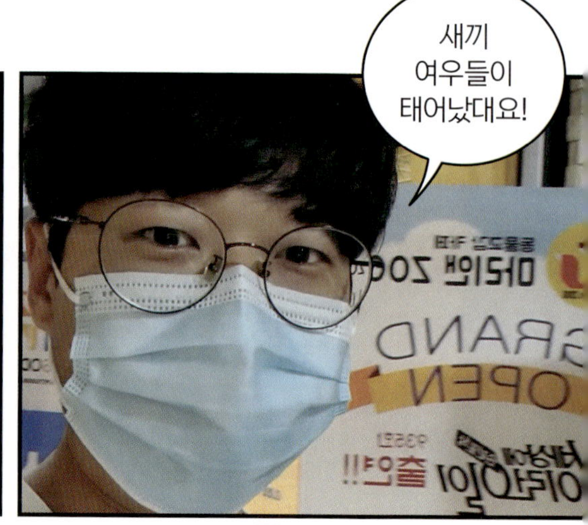
새끼
여우들이
태어났대요!
GRAND
OPEN

너무
예쁘다~.
안녕?
태어난 지 4주 된 새끼 여우
아주
사랑스러워요.

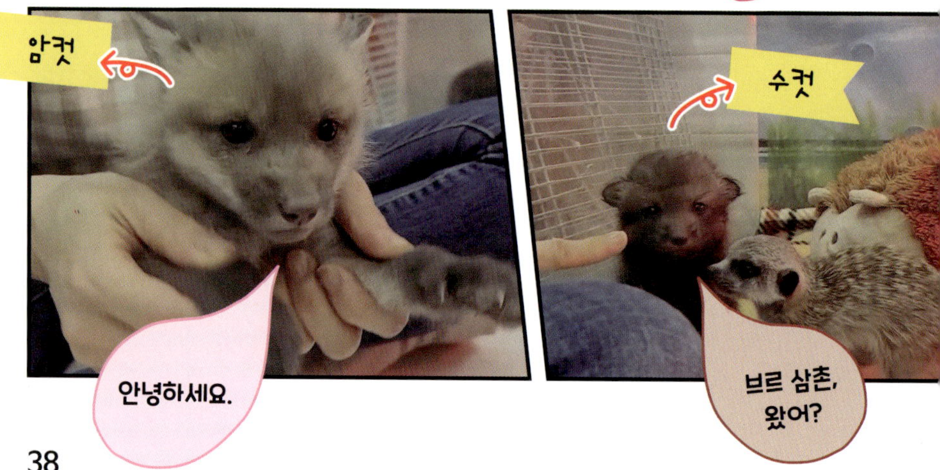
암컷
안녕하세요.
수컷
브르 삼촌,
왔어?

지금은
털이 회색인데,
크면서 점점
붉은색으로
변한대요.
정말 신기하죠?

브린이를 위한 상식

붉은여우는 처음부터 붉은색의 털을 가지고 태어나지 않아요. 새끼 때는 회색에 가까운 털을 가지고 있지만, 점차 성장하면서 붉은색 털이 자라나요. 우리에게 익숙한 강아지, 고양이 역시 성장하면서 털의 색이 변하는 경우가 있어요.

내
색깔도
바뀌고
있어!
진한 회색이었던 새끼 여우
귀
염
아빠 여우
넌 강아지 아니니?
내 새끼
너무
귀엽죠?
엄마 여우
뿌듯

여우는 태어난 지 1년이 지나면 그때부터 새끼를 낳을 수 있어요.
밥 주세요!
아이고 잘 먹네.
냠 냠
이건 닭가슴살, 달걀, 단호박을 넣어서 만든 수제 간식이에요.
나랑 놀자~!
빼 꼼
여우들이 냄새를 맡고 다가오네요.
안녕?
간식 주세요!

새끼 여우,
정말 귀엽죠?
반가워요!
앙 증

브린이를 위한 상식

여우는 지역, 환경별로 생김새가 다양해요. 우리나라에 서식하는 붉은여우 외에도 북극여우, 사막여우 등 여러 종이 있지요. 우리나라의 붉은여우는 현재 무분별한 포획으로 인해 멸종위기종으로 지정되어 있어요.

맘마
주세요!
건강하게
잘 자라다오~.

나랑 놀자!

숨바꼭질
할까?
응!

이 새끼 여우들은 태어난 지 3주 됐고,

이 친구는 한 달 됐는데, 다리가 엄청나게 길어요.

성장이 정말 빠르네요.

길쭉

이 친구는 놀다 지쳐 잠들었어요.

쿠울

zzz

빼꼼

우리 방에도 놀러 올래?

옆방에도 귀여운 친구들이 기다리고 있나 봐요!

어떤 친구들이 있는지 구경해 볼까요?

와,
팬더마우스다!
팬더마우스

바글 바글
브르 삼촌,
안녕!

나도
봐 줘!
나
귀엽지?

친칠라
새끼들이에요!
귀에 예쁜 무늬가
있네요!
만지작
꼬리 너무 귀엽다.

밥 주세요!
이곳에는 건강한 새끼 고양이들이 있네요~.
옹기
종기
아, 안녕?
미어캣 새끼도 있네요!
정~말 귀엽죠?
다양한 아이들을 만나 볼 수 있는 귀한 시간이었어요.
얘들아, 건강하게 무럭무럭 자라렴~.
생명을 소중히 해달라옹~!

정브르의 생물 탐구

개는 먼 옛날부터 사람과 가장 친근한 동물이에요.
우리에게 익숙한 개 외에도 여우, 늑대, 너구리 등의 동물이
갯과에 포함되어 있어요.

영상으로 확인해 봐요!

★정브르의 생물 탐구★

생물 이름: 개

후각과 청각이 뛰어난 개는 고양이와 더불어 가장 인기 있는 반려동물로, 전 세계적으로 약 400종이 있어요.
우리나라의 토종견으로는 진돗개, 풍산개, 삽살개, 동경이 이렇게 총 4종이 있지요.

★우리 주변의 멋진 직업견★

개는 높은 지능, 예민한 감각, 빠른 속도를 가지고 있어서, 예로부터 방목장의 양을 몰거나 집 안의 쥐를 잡기 위해서 기르기도 했어요.

오늘날에는 시각 장애인의 길을 안내하는 안내견, 폭탄이나 마약을 감지하는 군견/경찰견, 사고 현장에서 피해자를 찾아내는 구조견 등 다양한 방면에서 활동하며 사람에게 큰 도움을 주고 있지요.

3화

브르, 유기 동물을 만나다!

이곳에서
많은 *유기 동물을
보살피고
있다고 해요.
어떤
친구들이
있을까요?
특별한 하루
와, 고양이가
엄청 많아요!
어서
오라옹.
흐음….
이 친구가
이곳의 평화를
지키고 있대요.
서열 1위
싸우지 마~.

 *유기 동물: 반려인으로부터 버림받은 개, 고양이 등의 동물.

와, 너무 귀엽다!
앙 증
목뒤에 상처가 있어서 긁지 못하게 천으로 묶어 주셨대요.

빼 꼼

저를 쳐다보고 있네요.

브르다옹!

상자에 쏙 들어가 있네요.

KRONO CAT

아이 포근해~.

브르 삼촌, 간식 줘!

이 친구는
다리가 짧다는
이유로 모두 입양을
포기했대요.
날
예뻐해 줄
사람만
부탁해!

브린이를 위한 상식

돌보지 않거나 내다 버리는 행위를 유기라고 해요. 귀찮다, 귀엽지 않다 등 다양한 이유로 유기되는 동물이 매년 증가하고 있어요. 동물 유기는 불법이며, 동물에게 큰 상처를 주기 때문에 키우기 전에 끝까지 책임질 수 있을지 고민하는 과정이 필요해요.

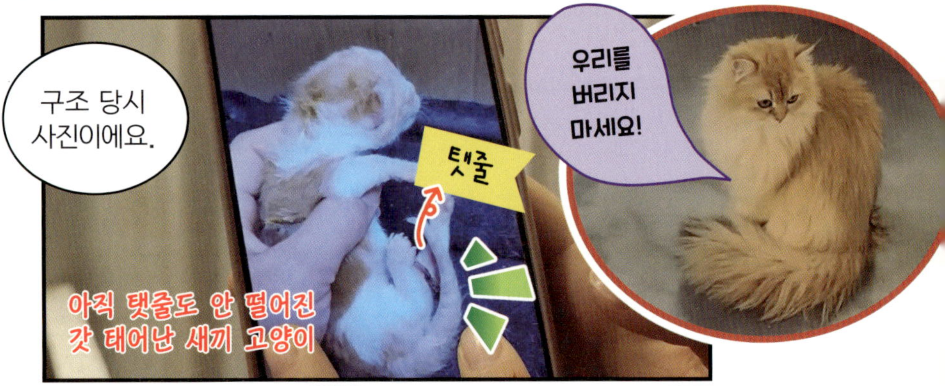

구조 당시 사진이에요.

탯줄

아직 탯줄도 안 떨어진 갓 태어난 새끼 고양이

우리를 버리지 마세요!

이곳에는 다른 친구들도 살고 있어요.

앵무새다!

태어난 지 5개월 된 새끼 새래요.

안녕?

동헤르만
육지거북이네요.
키우기 힘들다고
여기로 보내졌대요.

브린이를 위한 상식

헤르만 거북의 아종인 동헤르만 육지거북은 몸길이가 최대 30cm까지 성장하며, 육지거북 중에서는 작은 편에 속해요. 국제적 멸종위기종으로 보호받고 있어요.

쭈욱
이 친구가
알을 낳았대요!
내려 줘.

습도와 온도가
잘 유지되도록
보호하고 있어요.
짜잔

검란(유정란 검사) 중
아직
핵이나 실핏줄이
보이지 않아요. 그게
보이면 새끼 거북이
발생된 거예요.
며칠 더 있으면
핵과 실핏줄이
생길 수도 있어요.
새끼가 꼭
태어났으면
좋겠습니다.

사람들에게
사랑을 듬뿍 받는
크리스티드 게코도
있네요.
나
멋있지?
하늘다람쥐네요?
우리나라 하늘다람쥐는
천연기념물이라 보통
수입된 걸 키워요.
안녕!
이 친구는
뒤 발가락
3~4개가 잘려서
없어요.
냠냠
키우기 힘들다며 버려진 아이
건강하게
잘 지내렴~.
페럿도
있어요!
브르
삼촌이다~.
예쁘다고
입양했다가, 냄새나고
말 안 듣는다고
유기하는 경우가
많아요.
절대 그러면
안 됩니다!
우리를
끝까지
책임져
주세요!

애교가 많은 강아지 친구네요!
나도 소개해 줘!
폴짝 폴짝
보호소에서 데려온 친구인데, 한쪽 안구가 없어요.
아프다고 버리면 절대 안 돼요!
스컹크도 있어요!
사람이 너무 좋아!
이 친구는 연갈색 스컹크예요. 식탐이 아주 강하대요.
밥 줘!
킁킁
일반 돼지에서 품종 개량된 미니 돼지입니다.
안녕하세요, 꿀꿀!
사실, 돼지는 엄청 깔끔해요. 주기적으로 진흙 목욕도 하고 깨끗하지 않은 것들은 걸러서 먹는답니다.
우리 너무 귀엽죠?

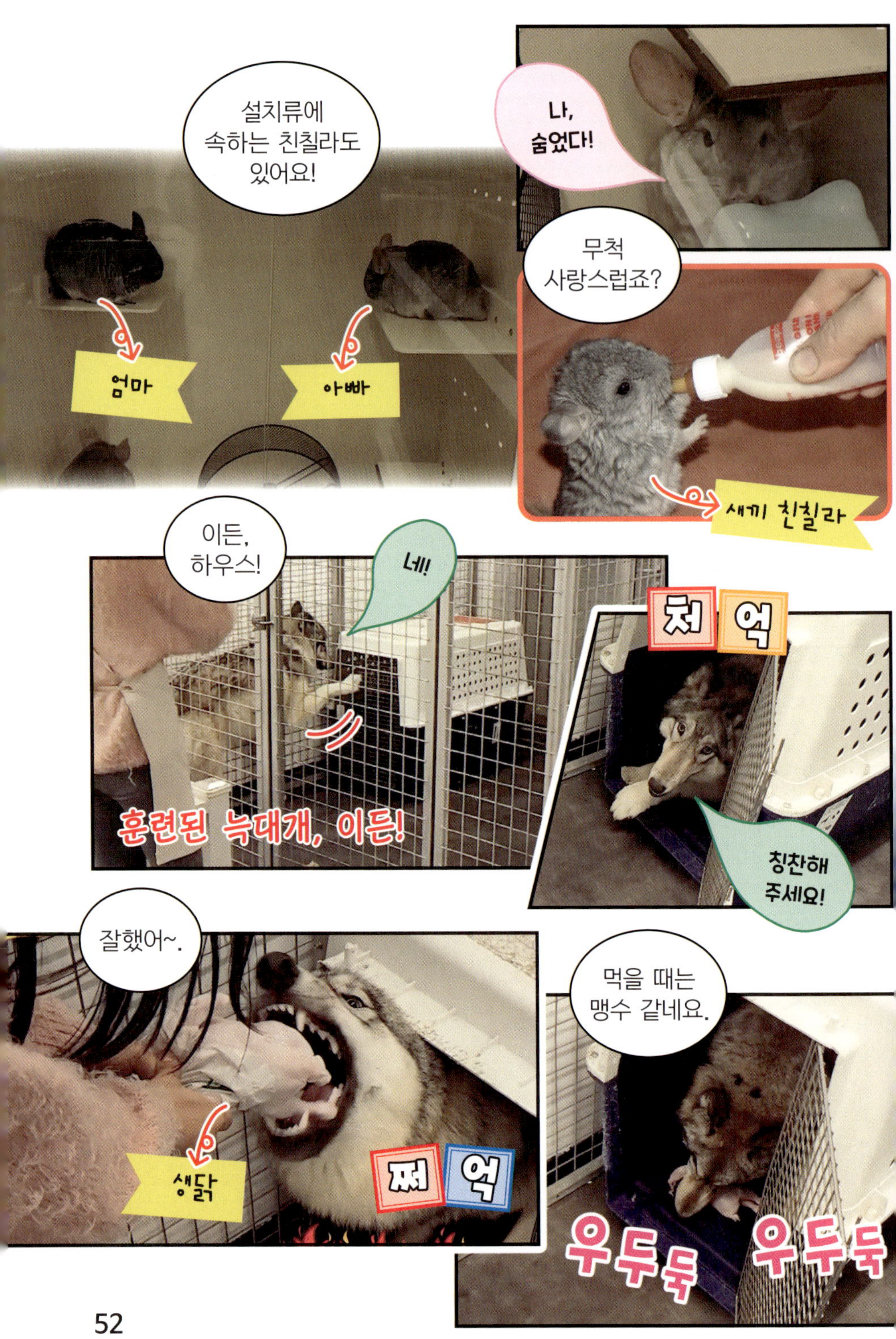
설치류에
속하는 친칠라도
있어요!
엄마
아빠
나,
숨었다!
무척
사랑스럽죠?
새끼 친칠라
이든,
하우스!
네!
훈련된 늑대개, 이든!
처억
칭찬해
주세요!
잘했어~.
생닭
쩌억
먹을 때는
맹수 같네요.
우두둑 우두둑

무시무시한
하이에나를
키우다?

두근
두근
오늘은 엄청난 친구를 만나러 왔습니다!

태어난 지 6개월 된 하이에나 친구예요.
짜안
내 이름은 지구야~.

마치 강아지처럼 이곳저곳 냄새를 맡고 있어요.
킁킁
킁킁

밖으로 산책 가자!

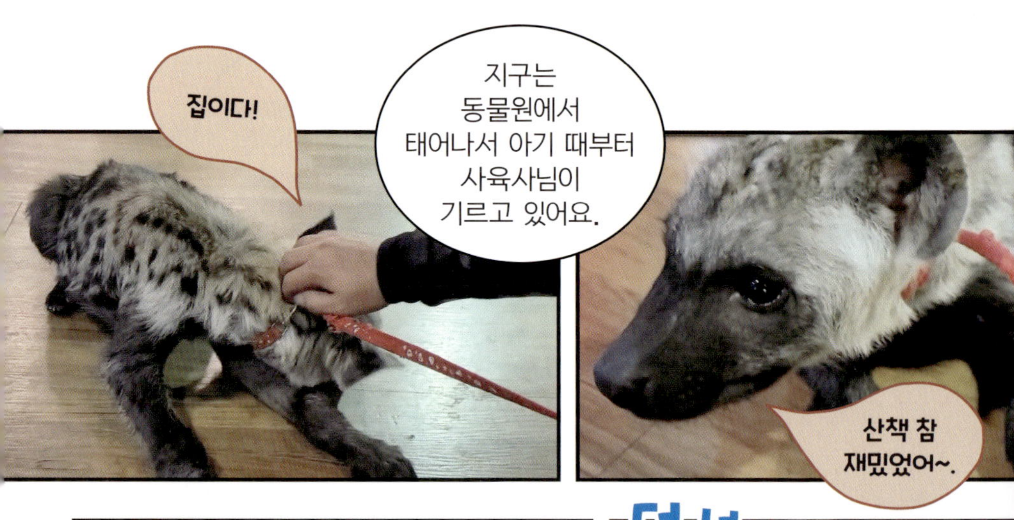
집이다!
지구는
동물원에서
태어나서 아기 때부터
사육사님이
기르고 있어요.
산책 참
재밌었어~.

내가 제일
좋아하는 거!

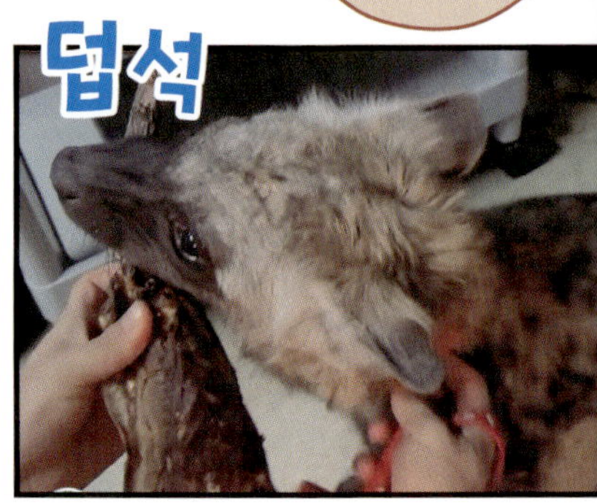
덥석

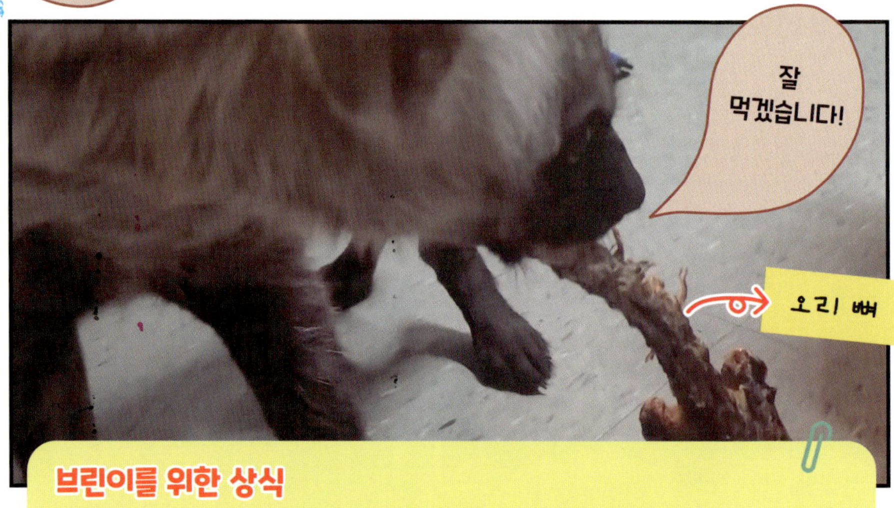
잘
먹겠습니다!
오리 뼈

브린이를 위한 상식

야생 하이에나는 주로 얼룩말, 멧돼지 등 다양한 육지 동물을 잡아먹어요. 또 다른 동물이 먹다 남긴 고기나 썩은 고기, 뼈 등도 먹어서 '초원의 청소부'라는 별명으로 불리지요.

하이에나는
다 성장하면
대형견인
레트리버만큼
자라요.
생각보다
크지?
냠냠
지구의
어렸을 때
사진이에요!
지구는
아기 때부터 사람과
함께 자라서 굉장히
순한 편이에요.
숯검정이
같은데,
굉장히 귀엽죠?

영리한 하이에나
하이에나는 협동심이 강하고 동물 중에서 지능이 높은 편에 속해요.
나 정말 대단하지?
빼꼼
안녕?
알파카가 등장했어요.
청경채를 맛있게 먹네요.
우물 우물
사슴 친구에게도 하나~.
자, 너도 먹으렴.
고마워~.

정브르의 생물 탐구

고양이와 하이에나는 같은 고양이아목에 속해 있는 포유류예요. 고양이아목에는 사자, 호랑이, 몽구스, 미어캣 등의 동물이 속해 있어요.

영상으로 확인해 봐요!

★정브르의 생물 탐구★

생물 이름: 미어캣

미어캣은 몸과 꼬리가 가늘고 길며 눈에는 검은색의 테두리가 있어요. 주로 남아메리카의 건조한 지역에서 살아요. 천적으로부터 자신을 보호하기 위해 두 발로 서서 주위를 살피는 특이한 습성이 있어요.

★정브르의 생물 탐구★

생물 이름: 삵

삵은 쥐, 닭, 오리 등을 잡아먹고 사는 우리나라의 토종 동물로, 멸종위기종으로 지정되어 보호받고 있어요. 고양이와 비슷하게 생겼지만 다른 종이며, 고양이보다 큰 몸집과 두꺼운 꼬리를 가지고 있지요.

영상으로 확인해 봐요!

4화

귀여운 새끼 다람쥐 구출되다!

폴짝
폴짝

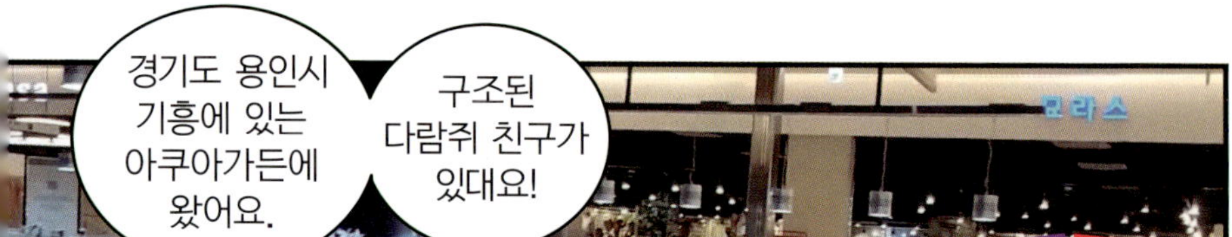

경기도 용인시 기흥에 있는 아쿠아가든에 왔어요.

구조된 다람쥐 친구가 있대요!

짜 안

이 친구 이름은 꿈이래요.

사람 손을 많이 탔나 보네요.

사람을 좋아하는 꿈이

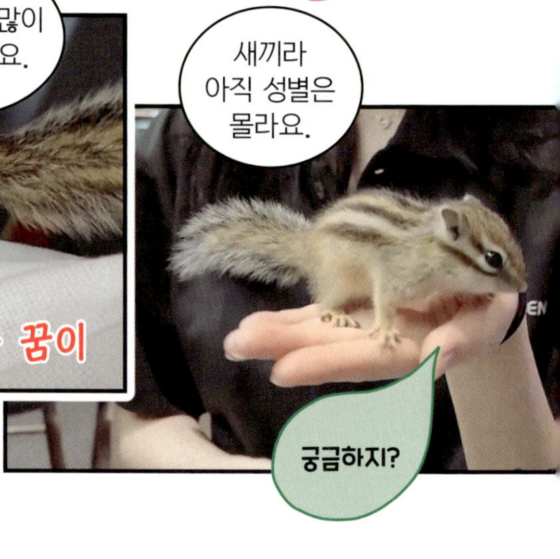

새끼라 아직 성별은 몰라요.

궁금하지?

구조자가 뒷산에서
다람쥐를 공격하는
벌을 쫓아내
줬대요.

움직이지 못하고
떨기만 하던 꿈이

눈에 상처가
있어서 약을
발라 주고
설탕물을 먹여서
돌봐 줬다고
해요.

꿀꺽
꿀꺽

정성껏
보살펴 줘서
다행히도 빠르게
회복되었대요.
살려 줘서
고마워요!

나 조금 졸려!
쏘옥
지푸라기 속으로 들어갔어요.

브린이를 위한 상식

다람쥐는 주로 나무나 땅속에 굴을 파서 생활하는 설치류예요. 굴속에 먹이 저장 창고를 만들어 두고, 겨울이 되면 안전한 보금자리에서 겨울잠을 자요.

브린이를 위한 상식

다람쥐는 나무를 오르거나 점프하는 등 움직일 때 꼬리를 사용해서 균형을 유지해요. 또한, 추운 겨울에는 꼬리로 몸을 감싸서 체온을 조절하기도 하고, 꼬리를 흔들거나 부풀려서 기분을 나타내기도 하지요.

쓰다듬어 줘!

쓰담
쓰담

집에서 다람쥐를 키울 때는 10~13년 정도 사는데,
자연에서는 2~3년 정도 살아요.
번식할 때는 새끼를 여러 마리 낳아요.
새끼 때는 단체 생활을 하다가 어느 정도 성장을 하면 독립한다고 합니다.

꿈이 밥으로
다양한 견과류를
준비했어요.
킁킁
싫어!
휙
안 좋아하나?
그럼
밀웜과 견과류를
넣고 가위로 잘게
부셔서 줄게요.
싹둑
싹둑
먹어 봐~.
흐음….
킁킁
안 먹을래!
휙
너
편식쟁이구나?
잘 먹고
건강해야 해~.
다음부터
잘 먹을게~.

여기 보세요! 가시개미들이 밀웜이랑 번데기를 사냥하고 있네요.
자기 몸 크기의 몇 배나 되는 장수풍뎅이도 사냥하고 있어요.
와! 여기 엄청 많아요.
바글
바글
가시개미는 어두운 곳을 좋아해서
바위 틈새를 찾아 집을 만들어요.
여긴 아늑해!
우리나라에서 가장 크다고 알려진 일본왕개미 대군체 사육장도 있어요.
여왕개미가 열 마리 넘게 있네요.
어마어마하다고~.

이 친구는
청소 물고기예요.
입으로 벽면을
긁어 먹으면서 청소해요.
어항에 한 마리씩
넣어 두면
도움이 돼요.
음,
맛있다~.
오물
오물
아로아나
형형색색
다양한 친구들이
정말 많이
살고 있네요!
디스커스
엔젤피쉬
브르
잘 가~.
건강해~.

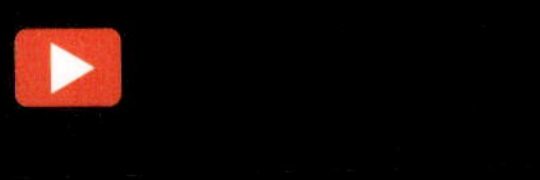
초대왕 쥐를
만나다!

세계에서 가장 큰 쥐를 만나러 왔습니다!

짜잔
큰사탕수수쥐라고 아프리카에 서식하는 쥐예요.
이 친구는 초식성이라서 배추, 애호박, 당근을 주로 먹어요.
지금 건초를 앞발로 잡고 하나씩 갉아 먹고 있어요.
우물 우물
맛있어~.

점프를 정말 잘해서, 가끔 탈출도 한대요.
나가도 돼?
묵직
점프해서 나갈 수 있는데~.

큰사탕수수쥐는
호저아목에 속해서
털이 뻣뻣하대요.

자연에서는
이 뻣뻣한 털이
자외선을 차단하고,
기생충에 의한 감염을
예방하기도 해요.

이 친구는
수컷이래요.

나는
남자야!

발톱도
엄청나게
커요!

브린이를 위한 상식

큰사탕수수쥐는 우리에게 익숙한 쥐와 달리 약 60cm까지 성장하는 거대한 설치류예요. 같은 과에 속하지만, 몸집이 조금 더 작아 약 38cm까지 성장하는 작은사탕수수쥐도 있어요.

강가 주변에
서식해서
수영도 굉장히
잘해요.
겁을 먹으면
꿀꿀 소리를 내면서
물속으로 재빠르게
도망간대요.
나는 수영도
잘하쥐~.

브린이를 위한 상식

야행성 동물인 큰사탕수수쥐의 평균 수명은 약 4년이며, 주로 작은 무리를 만들어 살아가요. 작은사탕수수쥐 역시 무리를 만들어 살아가지만, 수명은 약 3년으로 더 짧은 편이에요.

큰사탕수수쥐의
수명은 보통 4년인데
이 친구는 3살 정도
됐다고 해요.
오래오래
건강하게
살아~.
브르 삼촌도
건강해~.

오! 여기
사향고양이가
있어요.
눈빛이 아주
멋있네요.
맛있는
냄새다~.
간식

음,
맛있어!
냠냠
이 친구는
유러피안 글라스
리자드예요.
반가워.

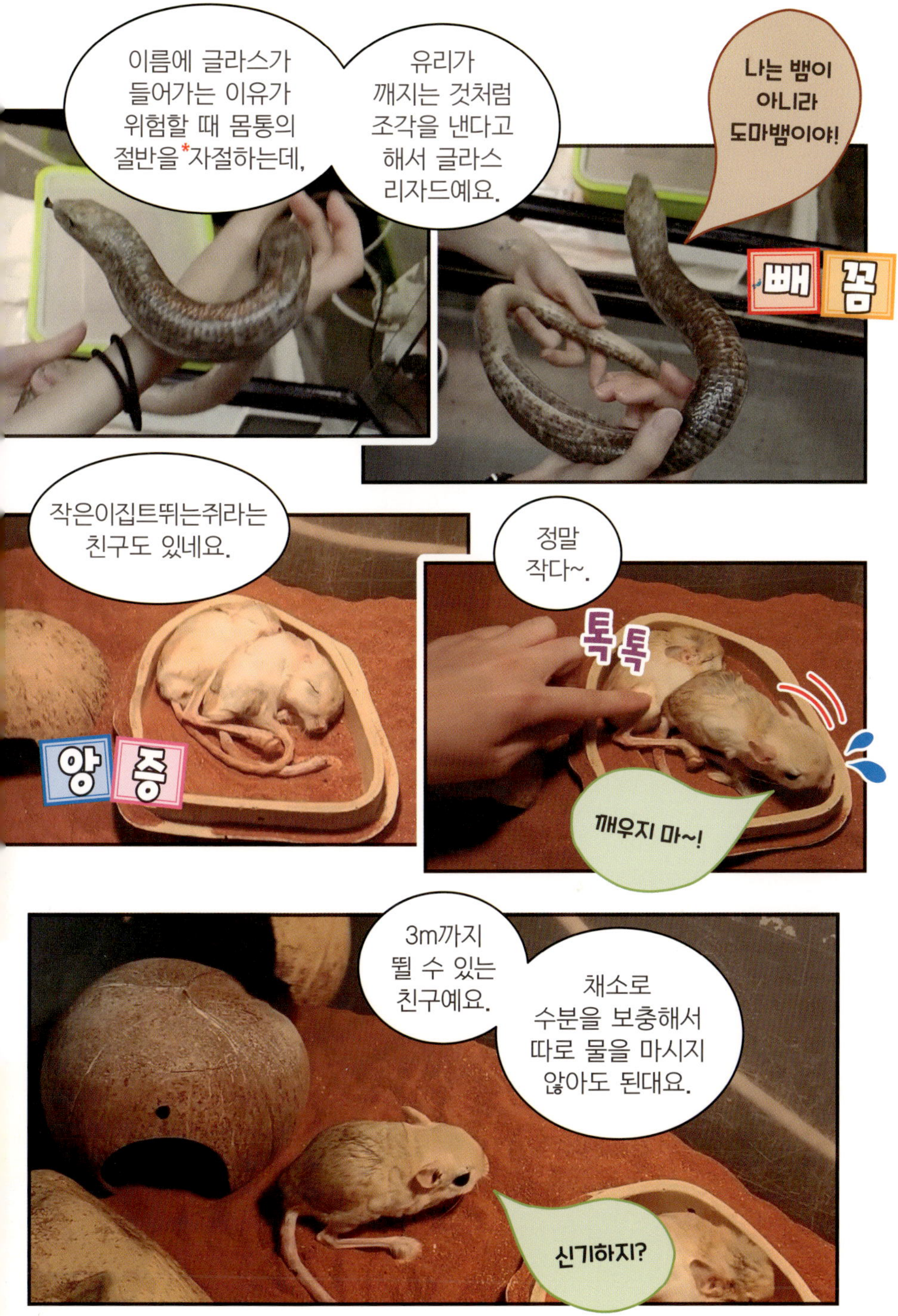

이름에 글라스가
들어가는 이유가
위험할 때 몸통의
절반을*자절하는데,

유리가
깨지는 것처럼
조각을 낸다고
해서 글라스
리자드예요.

나는 뱀이
아니라
도마뱀이야!

빼꼼

작은이집트뛰는쥐라는
친구도 있네요.

앙증

정말
작다~.

톡톡

깨우지 마~!

3m까지
뛸 수 있는
친구예요.
채소로
수분을 보충해서
따로 물을 마시지
않아도 된대요.
신기하지?

*자절: 일부 동물이 위험에서 벗어나기 위해 몸의 일부분을 스스로 끊는 일.

긴꼬리는 몸의
균형을 잡아 주고,
점프할 때 유용하게
쓰인대요.
길
쭉
뒷발에
털이 있는데,
뜨거운 사막의
모래에서 발을
보호해 줘요.
와, 쌍두사
입니다!
머리가
두 개예요!
집에서
블랙킹스네이크 알을
받아서 부화시켰는데
죽어서 나왔다고
해요.
유리병에 보관된 쌍두사
냠냠
막 태어난
새끼 토끼예요!
너무
사랑스럽죠~?
냠냠

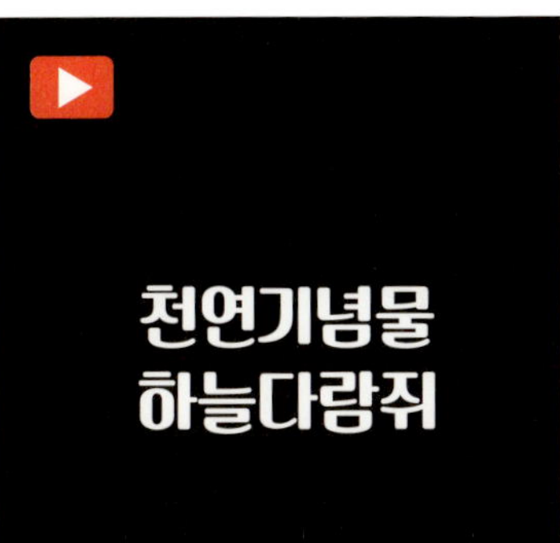
천연기념물
하늘다람쥐

이곳에 하늘다람쥐가 살고 있다고 해서 왔어요.

미국에서 건너온
네 마리의 하늘다람쥐
깜 찍
브르 삼촌 왔어?

브린이를 위한 상식

하늘다람쥐는 이름답게 공중을 활공(새 등의 동물이 날개를 움직이지 않고 나는 것)할 수 있어요. 우리나라 토종 하늘다람쥐는 천연기념물 제328호이자 멸종위기 동물로 지정되어 보호받고 있지요.

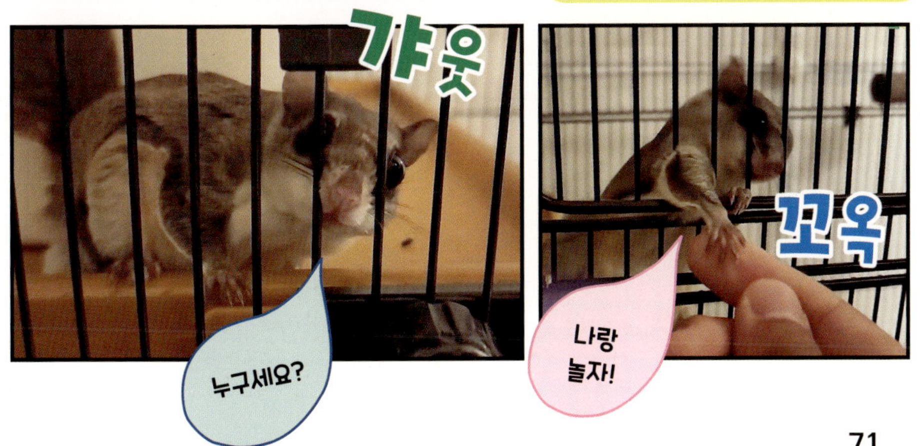
갸웃
누구세요?
꼬옥
나랑 놀자!

이 친구들은
가정에서 태어나고
사람과 함께 자라서
사람을 좋아해요.

오물 오물

몸무게는
65g 정도
되는 것 같아요.

가루 영양제

비행하려면
가벼워야 해!

주로 과일하고
채소를 먹고
간식으로 견과류를
조금씩 줘요.

우리나라
하늘다람쥐는
나뭇잎을
잘 먹는다고
해요.

다람쥐처럼
먹이를
저장하는 곳이
없어서 그 자리에서
먹어야 해요.

숨겨 둬야지!

과연 비행 실력은?
촤아악!

처억
우아!
잘했어,
간식 먹자~.
좋아!

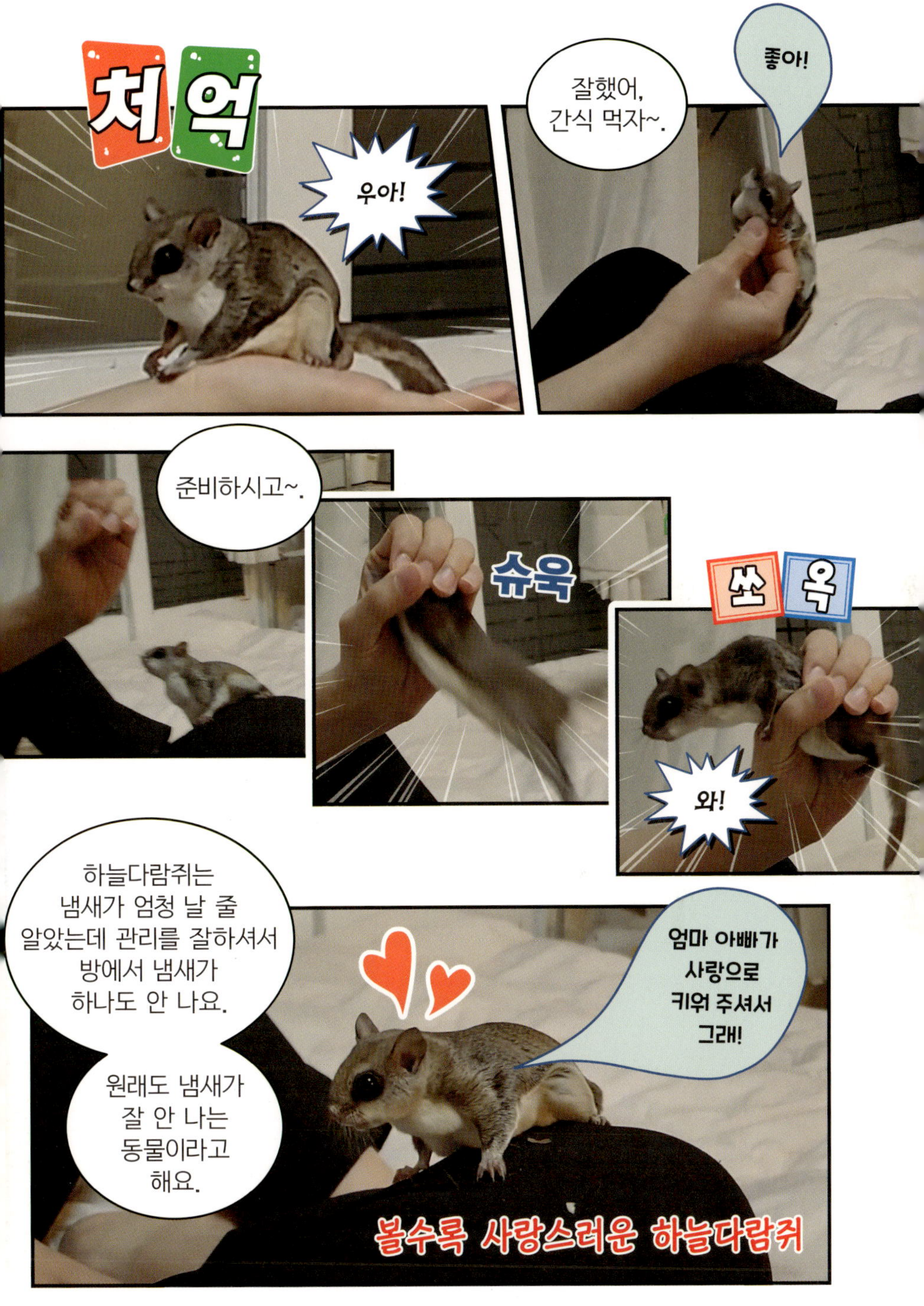

준비하시고~.

슈욱

쏘옥

와!

하늘다람쥐는
냄새가 엄청 날 줄
알았는데 관리를 잘하셔서
방에서 냄새가
하나도 안 나요.

원래도 냄새가
잘 안 나는
동물이라고
해요.

엄마 아빠가
사랑으로
키워 주셔서
그래!

볼수록 사랑스러운 하늘다람쥐

하늘다람쥐
꼬리는 꽤 두꺼운데,
비행을 할 때 꼬리를
이용해서 방향을 전환
한다고 해요.
두툼
내 꼬리는
아주
중요해!
비막
비막이 엄청
늘어나네요.
브린이를 위한 상식
하늘다람쥐가 비행할 수 있도록
해주는 날개를 '비막'이라고 불러요.
하늘다람쥐의 비막에서 영감을 얻어
하늘에서 천천히 낙하하도록 해 주는
윙슈트가 발명되기도 했어요.
원래 자연에서는
곤충을 먹는데,
안 먹어야
오래 산다고
해요.
냠냠
장을 찢는다는
곤충의 껍질
뾰족한
발톱을 정리해 줄
발톱 갈이도
있네요.

쓰담 쓰담
새끼 때부터
길렀더니
주인을 알아보는 것
같네요.
나
똑똑해!
가정에서 관리를
잘해주면 자연에서
사는 것보다 더 오래
살 수 있다고 해요.
그래서 사육하기
전에 오래 생각해 보고
관리를 잘해주실 수 있는
분들이 키우셨으면
좋겠습니다.
예전에는
미국에서 하늘다람쥐
*밀렵을 많이 해서
보호하기도
했대요.
이렇게 귀여운
친구들을 오래오래
보호해 줘야겠죠?
우리를
지켜 주세요!
태어난 지
열흘이 조금
안 됐을 때
사진이에요.

밀렵: 허가받지 않고 몰래 사냥하는 것.

브르의 반려동물 탐구 노트-②

별별 반려동물

생물 이름: 달팽이

달팽이는 이끼, 곰팡이 등을 먹고 사는 연체동물이에요. 주로 등 뒤에 단단한 패각을 가지고 다니며, 패각이 없는 종인 민달팽이도 있어요.

생물 이름: 물고기

색깔이 아름다운 열대어, 바다에 서식하는 해수어 등 다양한 종류의 물고기를 관상어로 키워요. 대표적인 관상어로는 구피, 흰동가리 등이 있어요.

생물 이름: 악어

악어는 몸 전체가 단단한 비늘판으로 덮여 있는 파충류예요. 강력한 이빨과 턱 힘으로 어류, 파충류, 포유류 등 다양한 먹이를 잡아먹어요.

생물 이름: 라쿤

라쿤은 눈 주위와 꼬리의 고리 무늬가 매력적인 동물이에요. 먹이를 물에 넣어 문지른 뒤 먹는 특이한 습성을 가지고 있어요.

생물 이름: 기니피그

기니피그는 햄스터와 닮은 설치류로, 햄스터보다 몸집이 더 크고 길어요. 반려동물로 키울 때는 주로 사료, 건초 등을 먹이로 주면 좋아요.

생물 이름: 앵무새

화려한 색의 깃털을 가진 앵무새는 주로 과일, 곤충 등을 먹는 잡식성 새예요. 앵무새 중에는 사람의 말을 그대로 따라 할 수 있는 능력을 갖추고 있는 종도 있어요.

5화
볼이 빵빵한 드워프토끼
오물
오물
오늘도 신기한 동물들을 만나러 왔어요!
브르, 반가워!
블루마론
큰 블루마론이 많이 살고 있어요. 정말 멋지네요!
어때? 우리 멋지지?
유기되고, 기증돼서 온 거북도 엄청 많아요.
리버쿠터(청거북)

안녕!
도둑게
밥 줘.
복어
나랑 놀자~.
베타

깜짝
와, 네덜란드에서 온 드워프토끼예요!
부끄러워~.

이곳에 온 지 2주 됐대요. 너무 사랑스러워요.
앙
증
브르 삼촌, 안녕~.
앙
증

브린이를 위한 상식

'드워프'는 난쟁이라는 의미를 가진 단어로, 난쟁이 토끼인 드워프토끼는 다른 토끼들에 비해 작은 몸집을 가지고 있어요. 성장한 뒤에도 새끼 때와 몸 크기가 비슷하지요.

브린이를 위한 상식

토끼는 소심하고 예민한 성격을 가진 동물이에요. 시끄러운 소리, 과한 스킨십, 환경 변화 등 다양한 요인이 토끼에게 스트레스가 될 수 있어서 주의해야 해요.

우리를
조심히
다뤄 줘!

발바닥 색깔은
몸 색보다
조금 옅어요.
발바닥

불도그처럼
동그랗게
내려온 볼이
특징이에요.

밥이다!
사료

일반 토끼
드워프토끼 새끼
일반
토끼는 자라면서
크기도 커지고
귀도 길어지는데,
드워프토끼는
새끼 때랑
큰 차이가 없어요.

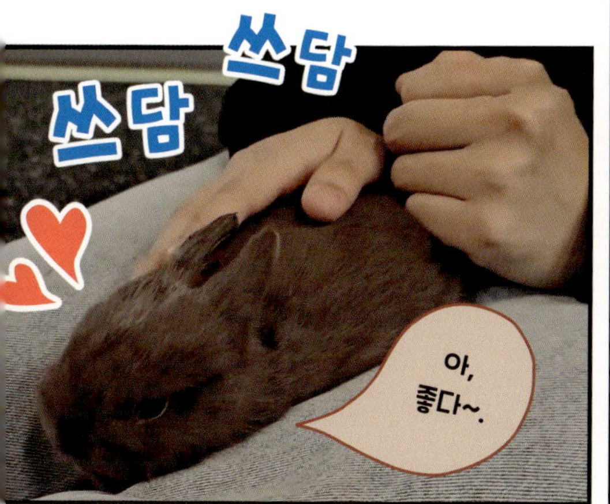
쓰담
쓰담
아,
좋다~.

꼭
인형 같아요.

드워프토끼의
수명은 약 10년이고
새끼를 두 마리 정도
밖에 안 낳아요.
잠이
온다….
엄마
무릎 최고!

기지개 쭈욱~~

또
놀아 줘!

이 친구는 일반 토끼인데, 많이 다쳐서 왔다가 사장님의 보살핌으로 건강해졌대요.

아빠 최고!

이렇게 보니 확실히 드워프토끼와 체형이 다르죠?

눈이 참 예뻐요.
고마워~.
토끼의 특징인 튀어나온 앞니
앙 증

이갈이용 막대
내 앞니를 위해 꼭 필요해!
동글 동글
꼬리만 하얗네요.

너 정말 작다~.

성체는 약 1.3kg까지 크고, 평균 수명은 8~10년 정도예요.

냠 냠

맛있다~.

친칠라

얼핏 보면 친칠라를 닮았어요.

내가 더 귀여워!

꼼지락
꼼지락
토끼 세수하는 거 볼래?

브린이를 위한 상식

동물들이 혀, 손발 등을 이용하여 털을 다듬고 몸을 깨끗하게 하는 행위를 '그루밍'이라고 해요. 토끼, 고양이 등의 동물이 그루밍하면서 스스로 위생 관리를 하지요.

정말 사랑스럽죠?

페럿 가족을
만난 브르

국내 최초로
페럿이 번식
됐다고 해서,
보러 왔어요.

브린이를 위한 상식

페럿은 족제빗과의 동물로, 긴 몸과 꼬리를 가지고 있어요. 사람에 의해 길들여져 가축화된 동물이기 때문에 야생성이 거의 없어 야생에서 생존할 확률이 매우 낮아요.

안녕?
아빠
우리
아기들 볼래?

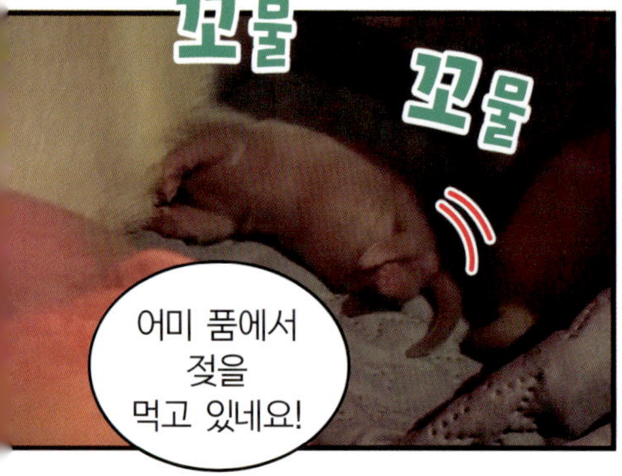
꼬물
꼬물
어미 품에서
젖을
먹고 있네요!

쿠울
태어난 지
3주 됐고,
아직 눈도
못 떴어요.

새하얀
페럿이에요.
너무 예쁘다~.
한 손에 쏘옥~

꾸물 꾸물

이 친구들은
정식 수입 절차를 밟고
들어온 페럿 두 마리가
낳은 새끼예요.
감탄
무척 사랑스러운 가족이네요.

갑자기
새끼의 목덜미를
물었어요!
덥석

밖은
위험해!
새끼들을
지키려고
집으로 데리고
들어갔네요.

다른 동물 친구들도 많이 살고 있어요.
안녕?
왕관앵무
밥 주세요!
*데구
*데구: 쥐목 데구과의 포유류
꽃사슴
놀다 가~.
털이 엄청 부드러워요~.
토끼와 거북도 있어요!
설가타거북
브르 삼촌, 반가워!
표범무늬거북

이 친구는
롭이어토끼라고
귀가 밑으로
내려가 있어요.

귀가
축 처진 게
정말 귀엽죠?

기니피그
새끼들이
밥을 먹고
있네요~.

페럿인 줄
알았는데 귀여운
옷을 입은
스컹크였어요.
귀
욤

태어난 지
얼마 안 된
슈가글라이더
새끼네요.
무럭무럭
건강하게
자라길 진심으로
바랍니다!
또
놀러 오세요!

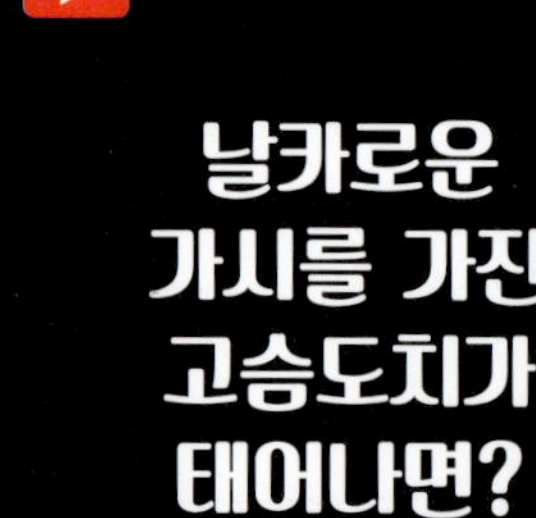
날카로운
가시를 가진
고슴도치가
태어나면?

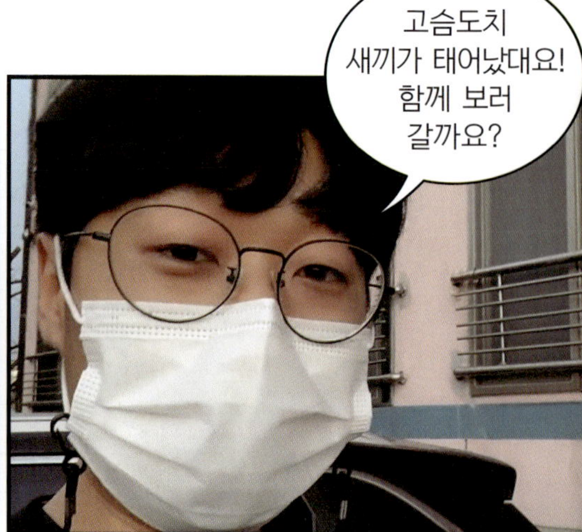
고슴도치 새끼가 태어났대요! 함께 보러 갈까요?

REC
꼬물 꼬물
듬성듬성 나 있는 가시
갓 태어난 고슴도치 새끼의 모습이에요.
엄마, 어디 있어?

엄마가 새끼를 품어서 지키고 있어요.
아기들 놀라지 않게 조심해 줘~.

브린이를 위한 상식

네 개의 발은 짧고 몸통은 통통한 고슴도치는 등에 뾰족한 가시털을 가지고 있는 동물이에요. 위협을 느끼면 가시를 세우고 몸을 공처럼 모아 웅크려서 스스로를 보호해요.

고슴도치는 시각보다는 후각이랑 청각이 엄청 예민해요.

쿵쿵

쿵쿵

털이 하루가 다르게 빨리 자라네요.

꼭 밤송이 같은 고슴도치

고슴도치는 약 3~6개월만 되어도 번식할 수 있어요.

대신 반려 고슴도치 수명은 5~8년 정도로 짧아요.

고슴도치의 가시는 출산할 때 부드러워져서 출산에는 전혀 방해가 안 돼요.

두 마리에서 최대 다섯 마리까지 출산해요.

세 마리나 낳느라 고생 많았어~.
고마워~.
아빠
엄마

새끼들이 아직
제 손바닥보다
작아요.

새끼 때는
가시가 말랑말랑하고
크면서 점점
딱딱해진대요.

아직 눈도
못 떴어요.

고슴도치는
숲, 초원, 농경지 등
다양한 곳에서
서식하고,
전 세계적으로
약 17종이
살고 있어요.
고슴도치
이빨이 의외로
날카로워서
조심해야 해요.

우리나라
야생 고슴도치는
매우 어두운색의
가시를 가지고
있어요.

브린이를 위한 상식

우리나라에도 토종 고슴도치가 살고 있지만, 주로 반려동물로 키우는 고슴도치는 아프리카에 서식하는 다른 종이에요. 토종 고슴도치는 반려 고슴도치에 비해 크기가 큰 편이고 추위에 강하지요.

가시를
세우고 찌르면
굉장히 아프니
조심해야 해요.
뭐야?
조심
조심
엄마
고슴도치를 한번
만져 볼게요~.
말랑말랑하고
체온이 높아서
따뜻해요.
귀엽다고
막 키우면
안 돼요.
꼭 책임감을
가지고
입양하세요.
아빠 고슴도치는
좀 예민해서
장갑을 끼고
만질게요.
절로 가!
예민한 친구들은
주인이 썼던 손수건이나
양말을 사육장에
넣고 키우는데도
경계가
심하네요.

6화

아르마딜로갑옷 도마뱀을 만나다!

스르륵

아르마딜로갑옷도마뱀의 사육장을 만들어 볼게요! 가장 먼저 바닥재로 황토를 깔아 줬어요.

숨는 걸 굉장히 좋아하기 때문에 숨을 공간을 많이 만들어 줄 거예요.

스윽

바위가 많은 곳에서 살아가는 친구들이어서 돌과 황토로 꾸며 주는 게 좋아요.
아늑한 공간으로 배치

이 부분을 온도 조절기로 따뜻하게 만들어 줄 거예요.
돌이 따뜻해지면서 일광욕하기 딱 좋겠죠?

황토를 더 넣어 줄게요.
와르르

칙
칙
황토가 단단해지도록 물을 뿌릴게요.

아르마딜로갑옷도마뱀이 굴을 파기도 해서
황토로 막힌 곳은 따로 파주지 않아도 됩니다.

슥
마지막으로 물그릇을 놓아 줄게요.

해피 하우스 완성~.

새로운 가족이에요!
탈피하는 중이라
비늘 갑옷이 벗겨지고
있어요.
몸 전부
탈피 껍질인데,
탈피를 다 하면
더 밝은색이
될 거예요.

브린이를 위한 상식

아르마딜로갑옷도마뱀은 남아프리카의 사막 지역에 서식하는 도마뱀이에요. '아르마딜로'라는 이름처럼 몸을 둥글게 말아서 위협으로부터 몸을 보호하지요.

여기를 보면
탈피 껍질이
벗겨져요.
수컷
암컷
머리가 큰 게
수컷, 작은 게
암컷이에요.

꼬리 두께로도
구분이
가능해요.
오른쪽의
꼬리가 얇은
친구가
암컷입니다!
귀
욤
헤헤
이 친구 얼굴
표정이 아주
귀엽네요~.

수명은
약 10년으로 알려졌지만,
25년 살았다는
기록도 있어요.
앞으로
잘 부탁해!
살아 있는 공룡 같죠?

세팅해 놓은
사육장에
아르마딜로갑옷도마뱀을
넣어 줄게요.
쓱
마음에 들었으면 좋겠다!
여기가
우리
집이야?
탐색 중!

이 친구들은
난태생이어서
새끼를 낳습니다.
배 속에서
반으로 접혀 있다가,
출산할 때 펴져서
나와요.
아르마딜로갑옷도마뱀
새끼
보통
한 마리를 낳는데,
두 마리까지
낳기도 해요.

브린이를 위한 상식

알이 몸속에서 부화한 뒤 몸 밖으로 나오는 생식 방식을 난태생이라고 해요. 주로 물고기, 파충류 중 난태생 방식으로 출산하는 동물이 많아요.

이 친구들은
사람 손을 그렇게
무서워하지
않아서,
온몸을
동글동글하게
마는 경계 행동을
하지 않아요.
사람이
좋아~.
*주행성
도마뱀이라서
바위 사이에서 벌레를
잡아먹으면서
살아요.
도마뱀 중에서
드물게 새끼를 직접
돌본다고 해요.
잘
부탁해!
건강하게
잘 지내면서
새끼도 낳고
행복하게 살면
좋겠어요!
이 친구는
에게르니아
앱시솔루스예요.
짧은 다리가
매력적이에요.
내 다리
귀엽지?
건조한
지역에서 살고,
거들테일과 같이
주식은
곤충이에요.
에게르니아 앱시솔루스
이 친구들
역시 난태생이고,
생명력이
강하답니다.

*주행성: 주로 낮에 활동함.

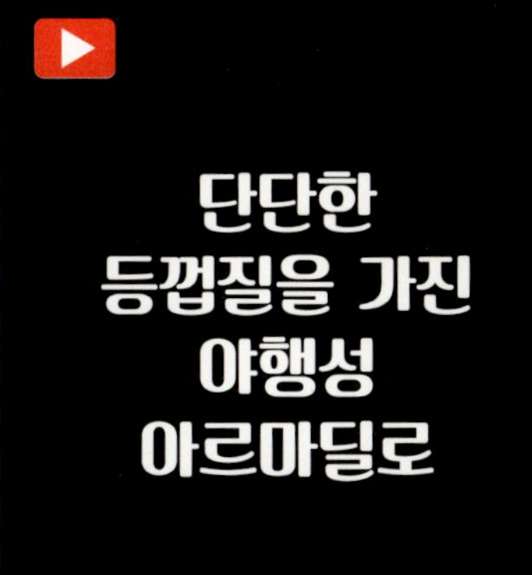
단단한
등껍질을 가진
야행성
아르마딜로

오늘은
어떤 친구들을
만날 수
있을까요?
두근
두근

두
둥
스크리밍 헤어리
아르마딜로
안녕?

브린이를 위한 상식

딱딱한 등딱지를 가진 아르마딜로는 공처럼 몸을 동그랗게 마는 능력이 있어요. 새끼 때는 등딱지가 부드럽지만 성장하면서 등딱지가 굉장히 딱딱해져서 천적으로부터 몸을 보호할 때 유용하게 활용돼요.

꿀
꿀
꿀
신기한
소리를 내는
친구예요.
내려 줘!

추욱
자다 일어나서
기분이
안 좋아요.
졸려….

이 친구는
북미와 남미 쪽에
살고 있고,
몸을 공처럼
완전히 말지는
못하는
종이에요.
한 손에 쏘옥~.
눈이 정말
예쁘죠?

브린이를 위한 상식

아르마딜로는 포유류 중 빈치류에 속하는 동물이에요. 빈치류는 이가 아예 없거나 완전하지 않고, 앞니와 송곳니가 없지요. 아르마딜로 외에도 개미핥기, 나무늘보가 빈치류에 속해요.

특이한 점은
혀가 엄청 길고,
자기 몸의
절반 이상 길이로
생식기를 내보낼 수
있다는 거예요.
우리가
좀 특이해.

꼬리
주식은
곤충류인데,
육식만 하는 게
아니고 채식도
해요.
등갑은
한 겹이 빠지면
다시 자라면서
탈피를 해요.

위에서 보니 얼굴이 삼각형이네요.
아르마딜로 중에서 크기가 작은 편이고 몸에 털이 많아요.
많이 보이는 하얀색 긴 털
천산갑이라는 친구와 비슷하게 생겼어요.
*천산갑
사막에서도 흙을 잘 팔 수 있도록 앞발톱이 엄청 길게 자라요.
뾰족
굴속에 먹이를 저장해 두는 습성이 있어요.
아르마딜로는 *밀수를 많이 하는데 보호하고 지켜 줘야 해요.
우리를 지켜 주세요.

*천산갑: 몸에 비늘갑이 있으며, 이것으로 포식자로부터 스스로를 보호함.

*밀수: 몰래 사들여 오거나 내다 팖.

안녕?
싱글백스킨크 종류 중에 아스퍼라는 친구예요.
호주 도마뱀이고, 가죽이 엄청 독특해요.
꼬리랑 머리가 비슷하게 생겼어요.
꼬리
머리
적들에게 파란 혀를 보여 주면서 독이 있다고 착각하게 해요.
사실 독은 없어요.
헤헤, 속았지?
멋진 뱀 친구들도 있네요!
동글동글한 무늬가 버미즈파이톤이고,
날카로운 무늬가 레틱파이톤이에요.
레틱
버미즈

길
쭉
와, 정말 길어요!

무게도
엄청납니다!
묵
직

수컷
암컷
블루테구라는
친구예요!
반갑습니다!

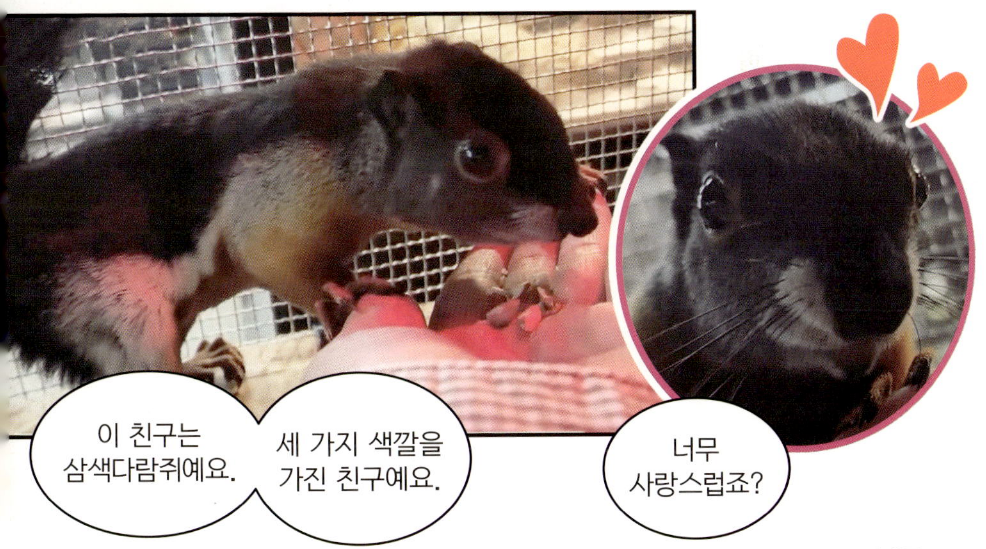
이 친구는
삼색다람쥐예요.
세 가지 색깔을
가진 친구예요.
너무
사랑스럽죠?

멕시칸
리프프록이라는
개구리예요.

눈이
별처럼 빛나는 게
정말 매력적이에요.
개구리 눈이
이렇게 예쁘다니~.

플로리다
자라도 있네요.
물 밖으로 꺼내면
시속 24km까지
달릴 수 있어요.
악어거북도
있어요!
입을 벌리고
먹이를
기다리고 있네요!

늑대거북은
헤엄을 많이
안 치기 때문에
물갈퀴 발달이
덜 되었고,
발톱이
많이 발달되어
있어요.
등갑도 엄청
튼튼하네요!
단단한 늑대거북의 등갑

사람을 좋아하는 일본원숭이?

이곳에
일본원숭이가
있대요!

브린이를 위한 상식

일본원숭이는 일본에서만 사는 고유종 원숭이로, 얼굴과 엉덩이만 빨간 것이 특징이에요. 일본 온천에서 온천욕을 즐기는 원숭이로도 유명해요.

브르 삼촌,
안녕?

끼끼
나랑
놀아 줘!

끼끼
반가워요~.

자,
간식 받아!
건빵
휙

덥석
이 정도
쯤이야!

끼끼도
일어나~.
간식
주세요!
벌떡

휙
아싸!

브린이를 위한 상식

원숭이는 서로 털을 골라 주면서 친근감을 표시해요.
털에 붙은 먼지, 노폐물 등을 골라 주며 서로 교감을 나누지요.

털
골라 줘~.
네~.
다정한 모습

뒤적
서비스로
머리털도
골라 줄게요.

브린이를 위한 상식

일본원숭이는 주로 몇십 마리가 무리를 지어 생활하며, 수컷이 우두머리를 맡아요. 수명은 평균 25~30년 정도이고, 꽃, 곤충, 열매 등 다양한 먹이를 먹으며 살아가지요.

산책 중인 새끼 원숭이
오늘 날씨 너무 좋다!

꼬옥
태어난 지 11개월 된 새끼 원숭이예요.

이 친구 이름은 산이에요.
쓰담

사육사님 껌딱지네요.

어미가 산이를 돌보지 않아서 사육사님들이 집에서 홈케어를 했었는데,
지금은 독립성을 키워 주기 위해서 학교에서 돌보고 있대요.
학교 가는 게 너무 즐거워요!

프레리도그
뒷모습이
너무 귀엽네요.
빵
빵

필리핀원숭이
친구도 있네요.
반가워!

청금강앵무예요!
안녕?

주로 청색의
깃털을 가진
청금강과 달리
붉은 계열의
깃털을 가진
홍금강도 있어요.

두 친구 모두
색깔이 너무
예뻐요.

홍금강과
청금강이 섞인
할리퀸도 정말
멋지죠?
할리퀸 금강앵무

즐거웠어.
다음에
또 봐~.

정브르의 생물 탐구

게는 단단하고 커다란 집게발을 가진 동물로 살아있는 생물뿐만 아니라 생물의 사체까지도 먹기 때문에 바다의 청소부라고 불리기도 해요.

영상으로 확인해 봐요!

★정브르의 생물 탐구★

생물 이름 : 소라게

소라게는 자신을 보호하기 위해 고둥의 껍데기에 들어가서 집처럼 사용해요. 껍데기보다 몸이 커지면 새로운 껍데기를 찾아 이동하기도 하지요. 껍데기가 없으면 수분이 말라서 금세 죽는다고 해요.

★정브르의 생물 탐구★

생물 이름 : 말똥게

우리나라에서도 발견되는 말똥게는 특이하게 울퉁불퉁하고 네모난 모양의 갑각을 가지고 있어요. 주로 민물에 가까운 바닷가에 서식하며, 구멍을 파고 살아가요.

영상으로 확인해 봐요!

7화

안녕하세요? 이웃집수달입니다!

웅기
종기
수달 모카와 토피가 새끼를 낳았다고 해요.
고생한 수달 엄마, 아빠에게 줄 영양식을 챙겼어요.
전복
연어
문어
냄새를 맡고 벌써 앞에 나와 있네요.
맛있는 냄새!
갸웃
엄마

브린이를 위한 상식

유튜브 채널 '이웃집수달'에 나오는 수달이에요. '이웃집수달'은 수달 전문 유튜브 채널로, 정식 동물원 및 수달 사육 시설 등록을 완료해서 합법적으로 수달을 키우고 돌봐요. 장난꾸러기 수달의 재미있는 일상과 귀여운 모습을 볼 수 있지요.

쿵쿵
뭘까?

연어다!
냠냠

연어를 쥔 손이 너무 귀여워요.

너무 맛있어!
냠냠

브린이를 위한 상식

수달은 족제비처럼 몸과 꼬리가 긴 동물로, 족제비와 달리 주로 물에서 헤엄치면서 살아가요. 우리나라에서는 천연기념물 제330호로 지정하고 있으며, 멸종위기종으로도 지정하여 보호하고 있어요.

브르 삼촌이 왔대!
안녕?
태어난 지 얼마 안 된 새끼 수달이에요!
너무 사랑스러워요!

아빠
아빠가 된 걸 축하해~.
킁킁
연어가 최고야!
냠냠
엄마, 아빠가 뭘 먹네?
음식 앞에 모여든 새끼 수달들
뭐야?
엄마, 아빠가 먹는 게 궁금한가 봐요.
하지만 새끼들은 아직 먹지 못해요.
장난기 발동한 새끼 수달
에잇!
이건 뭐지?

이 친구가 가장 호기심이 많고 사냥 본능이 강해 보여요.
얍얍!
아직 1kg도 안 되는 새끼들이에요.
앙 증
볼수록 사랑스러워요.
사람을 전혀 무서워하지 않네요.
삼촌 나랑 놀아~.
두둥
솔티
버터

이 친구는 솔티인데,

네 마리 중 가장 먼저 눈을 떴어요.

식욕이 가장 강한 버터!

운동을 하니까 배고파!
간식 먹자~.
운동 후 간식 최고!
냠냠
수달의 털은 부드러운 머리카락을 만지는 것 같네요~.
쓰담 쓰담
물속에서 방향을 전환 할 때 꼬리를 사용해요.
길쭉한 수달 꼬리
수달 가족사진
이곳에 있는 친구들은 동남아시아에 서식하는 작은발톱수달이에요.

수달은 주로 육식을 하지만 종종 채식을 하기도 해요.
곤히 잠든 새끼 수달들

수달은 멸종위기종이자 천연기념물로 보호받고 있어서 개인이 함부로 키울 수는 없어요.
음냐~.

귀여운 새끼 수달들을 만나서 행복한 시간이었어요~.
건강하게 무럭무럭 자라렴!
꼬옥
또 놀러 와!

안녕~?
이곳에는 새끼 염소도 있어요. 털이 아주 복슬복슬하네요.

맛… 있… 어….
꾸벅
꾸벅
햄스터가 졸면서 밥을 먹고 있네요.

다양한
종류의
새끼 거북

오늘은
다이아몬드
백 테라핀 새끼
거북을 보러
갈 거예요.

짜잔
막 태어난 테라핀 거북이
너무
귀여워요!
브르 삼촌
안녕?

오네이트라는
테라핀
거북이에요.
몸의 점 개수가
조금씩 달라요.

HELLO
My name is
27~28도/55~58일
거북은
온도에 따라서
암수가
정해져서
구분할 수
있도록 온도를
적어 놔요.

브린이를 위한 상식

거북은 알이 부화할 때의 온도에 따라 성별이 결정돼요. 약 27도 이하에서 부화하면 수컷, 약 31도 이상에서 부화하면 암컷으로 태어나지요. 이렇게 온도 변화로 성별이 결정되는 동물로는 악어도 있어요.

온도가 높으면 암컷이 나오는데, *지구 온난화로 자연에서 수컷을 보기 힘들어져서,

*성비의 불균형을 막기 위해 알을 수거해서 낮은 온도에 인공 부화시킨 후 방생하기도 해요.

이 친구는 다이아몬드 백 테라핀 콘센트릭이에요.
안녕?

브린이를 위한 상식

다이아몬드 백 테라핀은 태평양 지역에 서식하는 반수생 거북으로, 물과 육지를 돌아다니며 살아가요. 화려한 등껍질 무늬로 인기가 많은 반려 거북이지요.

콘센트릭 새끼 거북
콘센트릭은 등갑에 동글동글한 무늬가 있어요.
와아, 배의 칸마다 네모난 무늬가 있네요.
아주 귀여운 친구예요.

*지구 온난화: 지구의 기온이 높아짐.
*성비: 같은 종 안에서 암컷과 수컷의 비율.

완전 성체는
아니지만,
어느 정도 자란
모습이에요!
나
멋있지?

이 친구들은
손가락을
가져다 대면 졸졸
따라와요.
사람을
잘 따라서
인기가 많아요.

여기는
어디야?
방금 알에서 부화했어요!

막 태어난 새끼는
밝은 빛을 피하기
위해 모래 속에
들어가 있어요.

알에서 나오기
직전의 모습
꿈틀
꿈틀
빼꼼
정말 작고
귀여워요.
갓 태어난 새끼 거북

이 친구들은 콘센트릭 새끼 거북이에요.

배고파!

테라핀은 국제적 멸종 위기 동물 1급으로 분류되어 있고

합법적으로 분양 및 입양하기 위해서는 관련 서류가 필요합니다.

앙 증

참방 참방

이 친구들은 오네이트 거북인데 새끼 때의 모습과는 다르게 색깔이 더 진해지거나 점의 개수가 달라지기도 한대요.

어떻게 성장할지 지켜보는 게 재밌는 친구예요.

난 더 멋져질 거야!

이 친구는 노블이라는 테라핀에요.
반가워~.
훗!
와아~. 색깔도 예쁘고 무늬도 귀엽네요.
이 친구는 아주 귀한 몸이라고 해요.

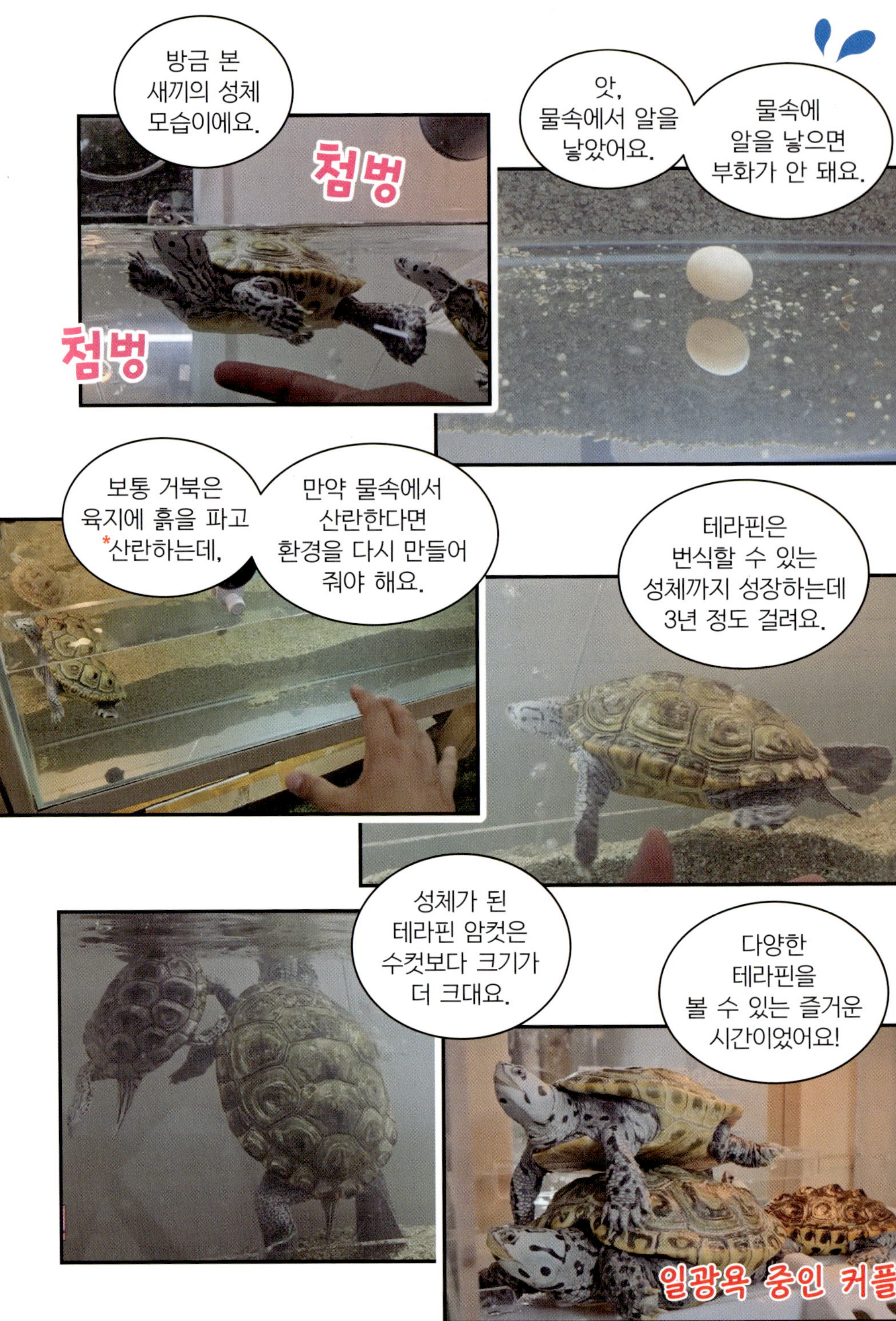
방금 본
새끼의 성체
모습이에요.
첨벙
첨벙
앗,
물속에서 알을
낳았어요.
물속에
알을 낳으면
부화가 안 돼요.
보통 거북은
육지에 흙을 파고
*산란하는데,
만약 물속에서
산란한다면
환경을 다시 만들어
줘야 해요.
테라핀은
번식할 수 있는
성체까지 성장하는데
3년 정도 걸려요.
성체가 된
테라핀 암컷은
수컷보다 크기가
더 크대요.
다양한
테라핀을
볼 수 있는 즐거운
시간이었어요!
일광욕 중인 커플

*산란: 알을 낳음.

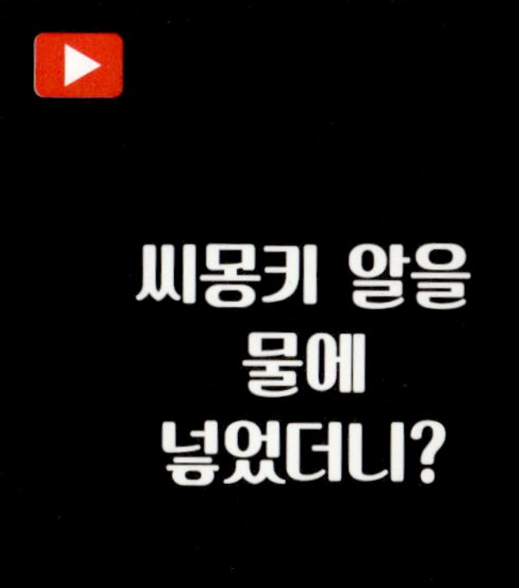
씨몽키 알을
물에
넣었더니?

오늘은 씨몽키를 부화시켜 볼 거예요.
₩3,000
사용연령: 3세이상
씨몽키
애완용 바다 새우
키우기

물을 깨끗하게 해주는 수질 정화제와
씨몽키의 알이 들어 있어요.
애완용바다새우~~
씨몽키
1+2
수질정화제 + 알
씨몽키는 브라인슈림프의 여러 종류를 섞어 개량한 개량종이에요.
씨몽키 알 사용법
1. 미지근한 수돗물을 넣는다.
2. 1+2번을 전부 넣고 완전히 녹을때
까지 저어줍니다.
3. 가급적 햇빛이 밝고 따뜻한 곳에 놓아
두면 24시간 전후부터 순차적으로

씨몽키를 부화시키는 과정은 간단해요.

먼저, 준비한 수조에 물을 넣어 주세요.

콸콸

이제 알을 넣고 섞을게요.

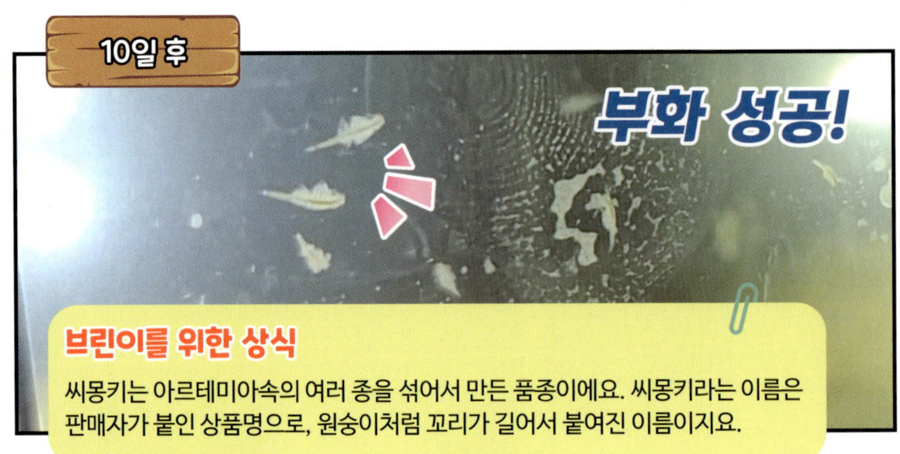
10일 후
부화 성공!

브린이를 위한 상식

씨몽키는 아르테미아속의 여러 종을 섞어서 만든 품종이에요. 씨몽키라는 이름은 판매자가 붙인 상품명으로, 원숭이처럼 꼬리가 길어서 붙여진 이름이지요.

태어난
직후엔 눈이
하나예요.
성장을 하면서
눈이 세 개가
돼요.

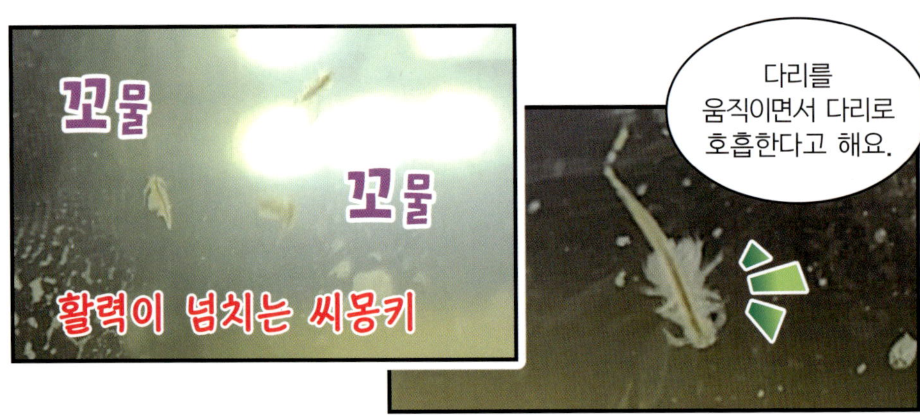
꼬물
꼬물
활력이 넘치는 씨몽키
다리를
움직이면서 다리로
호흡한다고 해요.

움직이면서 숨을 쉬다니 신기하네요.

신기하죠?

집에서도 쉽게 키울 수 있는 씨몽키는 1960년대부터 판매를 시작했어요.

옛날부터 반려동물로 자리를 잡은 거죠.

우리 키우기 엄청 쉬워!

이 친구들의 먹이는 녹조류예요.

이걸 한 스푼씩 넣어 주면 먹으러 올 거예요.

먹이를 먹기 위해 수면으로 올라왔네요.

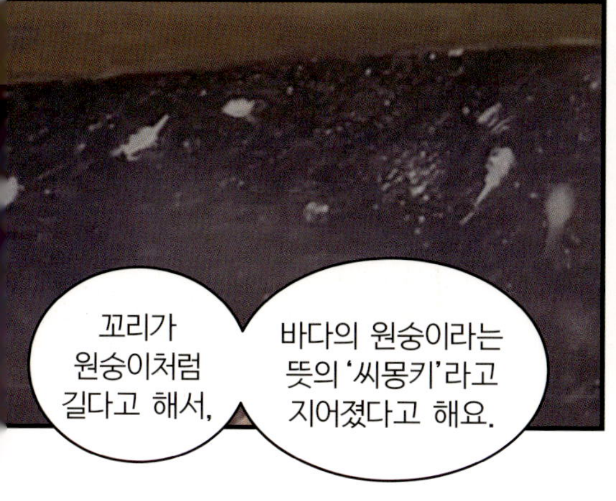
꼬리가 원숭이처럼 길다고 해서,
바다의 원숭이라는 뜻의 '씨몽키'라고 지어졌다고 해요.

씨몽키의 진짜 이름은 '브라인슈림프' 입니다.

학명으로는
아르테미아라고
해요.
주로 미국,
캘리포니아,
동남아시아, 중국 등
*염분이 있는 호수에서
서식을 해요.

자연에 있는
브라인슈림프는
사진처럼 색깔이
붉어요.

그 이유는
물에 있는*조충류를
씨몽키가 잡아먹고,
조충류가 씨몽키
몸에 들어가면,
뇌를 억제해서
색을 붉게
만든다고 해요.

*염분: 바닷물 따위에 있는 소금기.
*조충류: 기생 동물을 통틀어 이르는 말.

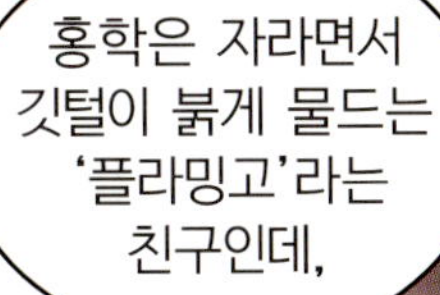

홍학은 자라면서 깃털이 붉게 물드는 '플라밍고'라는 친구인데,
색깔이 변하는 이유 중 하나가 자연에 있는 브라인슈림프를 먹어서예요.

브린이를 위한 상식

홍학은 아스타신이라는 붉은 색소가 포함된 갑각류, 플랑크톤 등을 먹으며 살아가요. 홍학의 깃털이 붉은 이유도 이 붉은 색소가 홍학의 깃털 조직에 쌓였기 때문이지요.

홍학 또는 물고기가 이 친구들을 잡아먹으면,
조충이 그 몸 안에서 기생을 한다고 해요.

이렇게 작은 씨몽키도 자연 속에서는 엄청난 먹이가 된답니다.
우리 키워 볼래?
중요한 역할을 하는 씨몽키

우파루파의
신비한 능력

오늘은 우파루파의 신기한 능력을 보여 줄게요.
내 능력 한번 볼래?

안녕!
우파루파는 북아메리카에 분포하며 평생 물속에서만 사는 멕시코 도롱뇽이에요.

브린이를 위한 상식

우파루파라는 이름으로 잘 알려진 아홀로틀은 개구리의 올챙이를 닮은 생김새를 가지고 있어요. 우파루파는 개구리처럼 올챙이가 변태하지 못하고 올챙이 때 모습 그대로 성장하는데, 이런 성장 방식을 유형성숙이라고 불러요.

우파루파는 꼬리나 다리, 뼈, 장기의 일부분도 *재생해 내는 엄청난 능력이 있어요.
제가 데려온 우파루파의 다리가 잘려져 있는 상태인데
과연, 며칠 만에 다리가 완벽하게 재생이 될지 궁금하네요.

*재생: 손상된 생물체의 부분이 다시 자라남.

1일 차
굵은 뼈마디가
조금
나왔네요.

11일 차
뼈가
뾰족하게
튀어나왔어요.

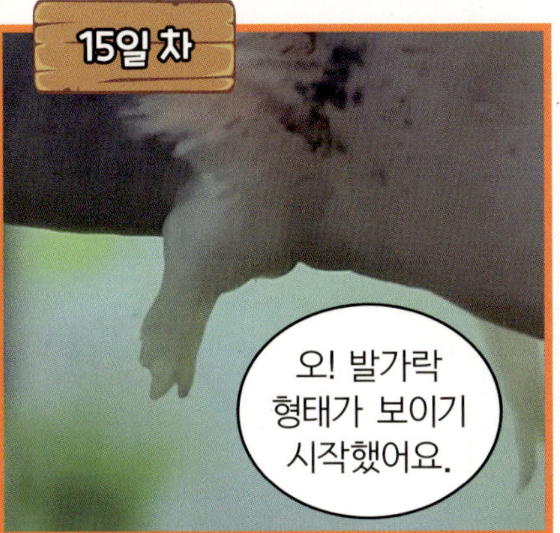
15일 차
오! 발가락
형태가 보이기
시작했어요.

19일 차
시간이 지날수록
발가락이
더 길어지네요.

30일 차
이제, 거의 다
자랐습니다.
39일 차
두둥
완벽하게
원래 상태로 재생
되었습니다!

브린이를 위한 상식

아홀로틀은 잘리거나 손상된 신체를 재생하는 특이한 능력을 갖추고 있어요.
이와 비슷한 재생 능력을 갖춘 또 다른 동물로는 불가사리, 도마뱀 등이 있어요.

우파루파로
잘 알려진 아홀로틀은
신체 재생 능력이 있는
효소인 암브록스를
지니고 있어요.

덕분에 재생 능력이 굉장히 좋아서 사람에게 도움이 될 수 있도록 많은 실험이 이루어지고 있다고 합니다.
연구를 위해 수많은 우파루파들이 희생되었다고 하니, 가슴이 아프네요.

우파루파의 대표적인 서식지는 멕시코의 '소치밀코 호수'예요.

우파루파는 먹성도 강하고, 번식력도 굉장히 좋은데,
서식처가 한정되어 있고, 생태계 오염 등의 문제로 인해 개체의 수가 많이 감소했대요.
멸종위기종인 우파루파
우리가 흔히 볼 수 있는 이 우파루파는 개량종이에요.
야생의 우파루파는 이렇게 생겼습니다.
올챙이처럼 꼬리지느러미가 아주 크고 예쁘네요.
외부 아가미가 있어요.
선홍빛이 나면 컨디션이 좋다는 거예요.
우파루파가 사는데 적정한 온도는 약 15~20도예요.
온도가 높으면 외부 아가미가 녹아내려서 건강 상태가 안 좋아져요.
밥 주세요!

먹이로는
실지렁이나
작은 물고기를
줘도 돼요.
저는
사료를 한번
줘 볼게요.
사료
와, 관심을
보이네요.
킁킁
맛있는
냄새!

후
웁

냠냠
맛있다~.
먹이를
빨아들이는
방식으로
먹어요.

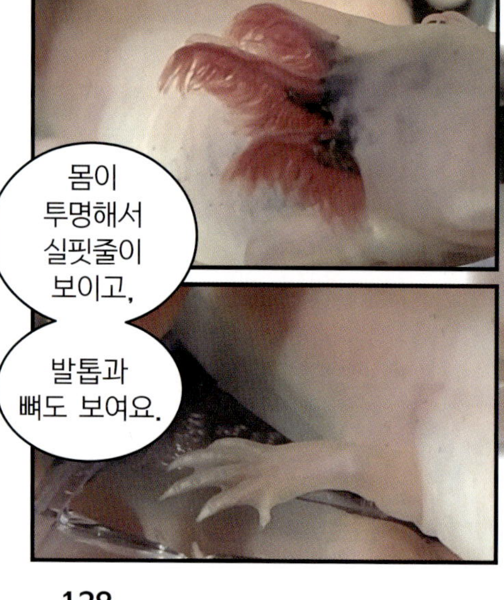
몸이
투명해서
실핏줄이
보이고,
발톱과
뼈도 보여요.

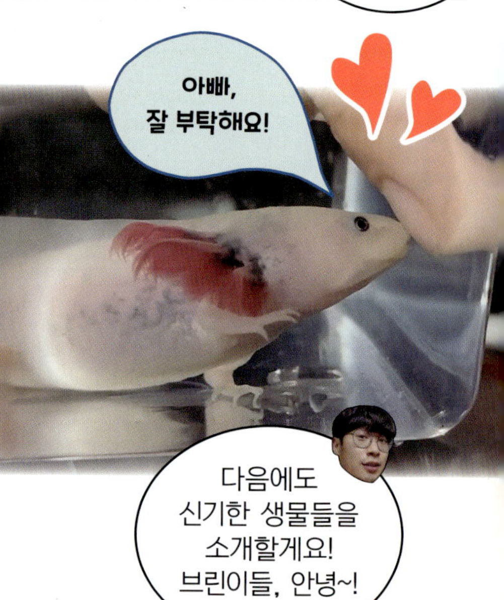
아빠,
잘 부탁해요!
다음에도
신기한 생물들을
소개할게요!
브린이들, 안녕~!

정브르의 생물 탐구

물고기, 새우, 가재 등 물에서 서식하는 생물을 키울 때는 어항을 깨끗하게 유지하는 게 중요해요. 또한, 생물을 건강하게 키우기 위해 여과기, 조명, 온도 조절기 등이 필요하지요.

영상으로 확인해 봐요!

⋆정브르의 생물 탐구⋆

생물 이름 : 공작갯가재

공작처럼 화려한 색깔의 부채 꼬리를 가지고 있는 공작갯가재는 앞다리를 이용해서 조개처럼 단단한 껍데기가 있는 생물도 부셔 먹어요. 그만큼 앞다리를 뻗는 속도가 빠르고 강력하지요.

⋆정브르의 생물 탐구⋆

생물 이름 : 베타

작은 강이나 연못에서 서식하는 베타는 여러 가지 색이 아름답게 어우러진 물고기로, 긴 지느러미와 약 5cm의 몸 크기를 가지고 있어요. 수컷이 암컷보다 더 화려한 지느러미를 가지고 있지요.

영상으로 확인해 봐요!

브르의 미로 찾기

미로를 탈출해 도착지로 가요.

웅기
종기
도착

정답

30~31p

브르의 숨은 그림 찾기

꼭꼭 숨어 있는 그림 5개를 찾아보세요.

숨은 그림 5개
시계 머그컵 칫솔 만연필 오렌지

140~141p

브르의 미로 찾기

미로를 탈출해 도착지로 가요.

출발

도착

YouTube 35만 구독자 귀염뽀짝 수달의 일상 이야기

안녕하세요? 이웃집수달입니다!

Chapter 1 뽀시래기 모카의 성장기

Chapter 2 모카, 토피 그리고 4남매

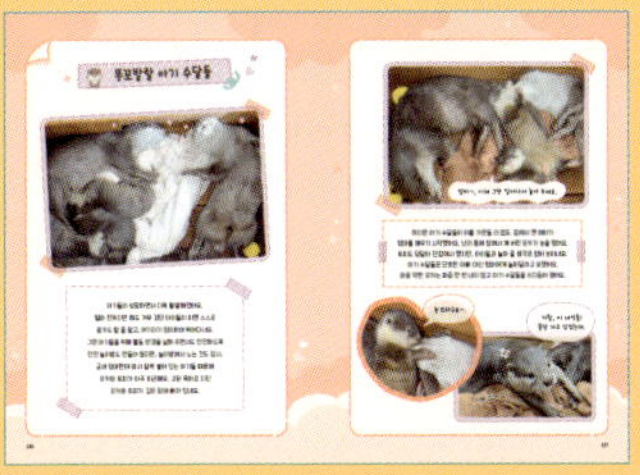

Chapter 3 포토 화보

값 14,000원 문의 02-791-0752 서울문화사

무한의 계단
발명코믹북 2권 출간!

"이름을 말하는 순간, 공포가 너를 삼킬 것이다."

발명코믹북 INFINITE 무한의 계단

2 공포를 부르는 주문

글 임우영 | 그림 양선모

서울문화사

즐거움이 팡팡 무한 행복 선물 3!

1 게임 이모티콘 세트 2탄 (전독자)

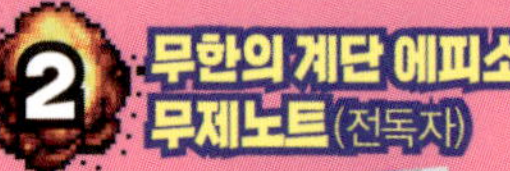

2 무한의 계단 에피소드 무제노트 (전독자)

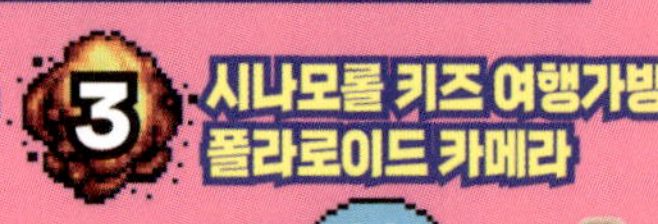

3 시나모롤 키즈 여행가방 폴라로이드 카메라

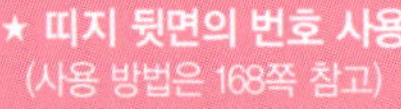

★ 띠지 뒷면의 번호 사용

(사용 방법은 168쪽 참고)

VS

추첨 25명!

구입문의: 02-791-0708 서울문화사